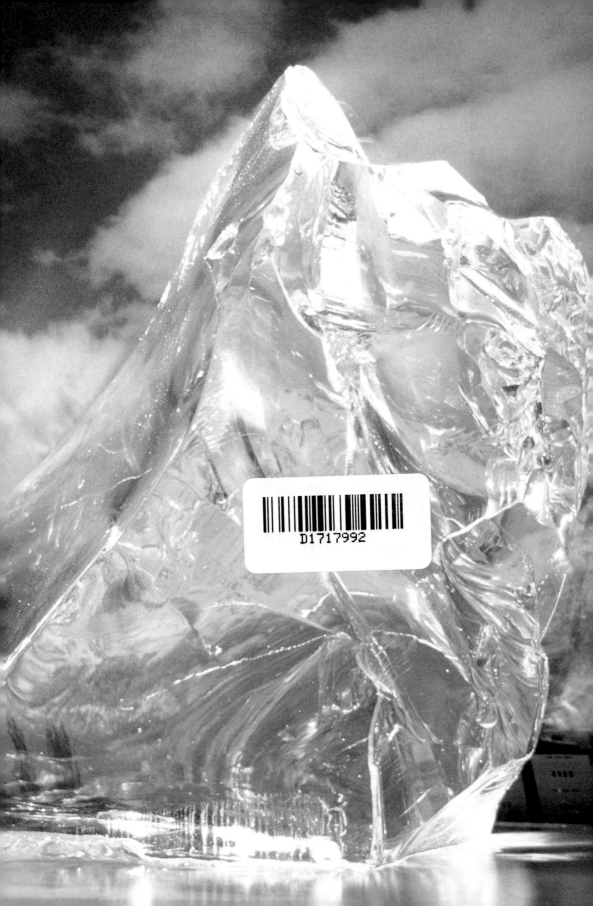

SCHNEEWITTCHEN

*über den Mythos
kalter Schönheit*

Ein Eiskristallbuch

**Herausgegeben von
Christina Lammer**

Konkursbuchverlag

Impressum:

© Konkursbuchverlag Claudia Gehrke 1999
PF 16 09 · D-72 006 Tübingen
Tel: +49 (0) 70 71 / 7 87 79 · Fax: +49 (0) 70 71 / 76 37 80
e-mail: office@konkursbuch.com
Webseite: www.konkursbuch.com

Gesamtherstellung: Typo-Druck-Roßdorf GmbH
Grafische Gestaltung: Roland Eggers, Seeheim

Publiziert mit Unterstützung von:
SWAROVSKI Swarovski, Wattens -Tirol
Bundesministerium für Wissenschaft und Verkehr, Wien

ISBN 3-88769-147-4

ANDREAS BRAUN:
VORWORT

Die Sommerausstellung 1998 in den Swarovski Kristallwelten trug den Titel "Schneewittchen im Eis – kristalline Schönheit zwischen Leben und Tod". Gerda Buxbaum als Kuratorin und Böhnisch & Ramharter als Ausstellungsarchitekten verwandelten eine weiße Kammer von etwa 80 m^2 in einen symbolischen Märchenraum, wo für einige Monate die Leichen schöner Mädchen in kristallinen Särgen wohnten. Etwa 400.000 BesucherInnen aus aller Herren Länder ließen sich schauend, schauernd auf die morbide Vitalität der Inszenierung ein. Jenen BesucherInnen, die diese lesend vertiefen wollten, offerierten wir einen Ausstellungskatalog, der sechs Essays enthielt, in denen namhafte AutorInnen Hintergründe des "Schneewittchenhaften" ausleuchteten. Der Katalog fand wie die Ausstellung selbst starken Widerhall bei BesucherInnen und RezensentInnen. Das Thema und unser intellektuell – ästhetischer Zugang interessierten offenbar. Was lag näher, als beim Thema zu bleiben und uns als Sponsor des vorliegenden Buches thematisch treuzubleiben? So fanden wir die Idee von Gerda Buxbaum und Christina

Lammer, mit dem konkursbuch Verlag die Sammlung der Essays zu erweitern und in Form eines Buches herauszugeben, ausgezeichnet und unterstützenswert.

Der nunmehr vorliegenden quantitativen Verdoppelung der Beiträge entspricht auch ihre inhaltliche. Neu, tief und überraschend werden die vielen Bezüge des alten Märchens paraphrasiert.

Die Paraphrasen wiederum könnten Paraphrasen unseres seit über 103 Jahren bestehenden Familienunternehmens Swarovski sein: Der Schnee als Symbol der kristallinen Geometrie, das Weiß als Basis für alle Farben, Nuancen und Schattierungen, das Licht als Metapher aller rationalen Verblendungen und aller irrationalen Ermöglichungen.

Solche irrationale Ermöglichungen – wie etwa die Unterstützung dieses Buches – weisen uns als unternehmenspolitische Realisten aus. Kultur und Wirtschaft verschränken sich sehr stimmig und logisch zu einer Einheit.

Andreas Braun
Swarovski

KALT WIE EIS UND WEIß WIE SCHNEE...

Das Phänomen der Kälte sollte zentrales Thema der Ausstellung sein. Bereits beim ersten Brainstorming tauchte eine unübersehbare Fülle von assoziativen Begriffen zum Thema Kälte auf: Die Gedanken wanderten von Alain Delon als eiskalter Engel zum kalten Rauch, von der Eiszeit zum Eisbecher, vom Eiskunstlauf über Tiefkühlkost zum Eiswürfel, zu Eisvogel und Eisblumen, vom ewigen Eis zu morgendlichen "Frosties", vom eiskalten Händchen zur Coolness. Eisige Stimmung und ewiges Leben, das kalte Feuer eines Brillanten und der kühlende Eisbeutel am heißen Kopf, das kalte Licht der Neonröhre, die kalte Dusche, die marmorne Kälte von Statuen und der kalte Wind, der einem um die Ohren weht, kamen uns in den Sinn. Bilder vom Spion mit der eiskalten Schnauze und dem eiskalten Mörder, vom alten Frigidaire oder vom modernen Herrenparfum "Cool Water" tauchten auf, die Klimaanlage, die in Juwelen eingefrorene Elisabeth I oder die unnahbar kalte Schönheit der Deneuve fielen uns ein. Wir dachten an kaltgestellt, aufs Glatteis geführt (hereingelegt), auf Eis gelegt (konserviert), an Vereisen (unempfindlich machen) und an unendlich viel mehr.

Es bot sich eine Fülle unterschiedlichster Ausstellungsobjekte, ein Universum von Objekten zum Thema Kälte an: Texte, Gedichte, Schmuckstücke, Bilder, Kleider, Skulpturen, Collagen, Filmausschnitte. Die Architektur stand bereits fest. Mitten in einem spärlich beleuchteten Raum lagert ein Berg übereinander getürmter, amorph anmutender, weißer (Eis)Würfel, deren Geheimnisse die BesucherInnen durch kleine Gucklöcher, in die sie schauen, enträtseln und erforschen. Als es jedoch darum ging, die Objekte endgültig zusammenzustellen, wurde mehr und mehr klar, daß die subjektive Wahrnehmung von Kälte jede Auswahl beliebig erscheinen läßt.

Nachdem sich schließlich die Essenz unseres Vorhabens – die Polaritäten Hitze und Kälte, Nähe und Distanz, Augenblick und Ewigkeit, Leben und Tod – herauskristallisierten, war klar, daß ein Medium, ein anziehungskräftiges und überzeugendes Symbol, gefunden werden muß. Die Erlösung kam mit der Idee, eine Schlüsselfigur zu entdecken, die alles in sich vereint, die allen bekannt ist und die auf jeder Rezeptionsebene problemlos zugänglich ist, ohne daß die Sissi-Thematik oder das Phänomen Diana dafür strapaziert werden müßten. Diese Figur ist eine Märchenprinzessin: Schneewittchen.

Obschon körperlich unsichtbar, war ihre unsterbliche Präsenz – die Faszination und die Sehnsucht zu dieser Figur – in der vielschichtigen Inszenierung spürbar, die wir mit Hilfe von Ikonen weiblicher Anziehungskraft, mit märchenhaftem Schmuck und mit den fatalen Requisiten der Verzauberung, dem Mieder und dem Kamm, nicht zuletzt mit den Katalogtexten der AutorInnen unterschiedlicher Fachrichtungen zu vermitteln versuchten.

Die kristalline Schönheit des Schneewittchens bildet bis heute kulturelle Spiegelbilder, die uns kalte Schauer über den Rücken laufen lassen. Unter dem reinen, schneeweißen Gewande verbergen sich das Unheimliche und der blanke Schein. Nichts ist so, wie es sich auf den ersten Blick darstellt. Die Phänomene der Täuschung in den Blick zu nehmen, ist das Anliegen des vorliegenden Bandes.

Im Un-heimlichen, Un-sichtbaren oder Un-sagbaren steckt gleichzeitig die Kraft der Verführung. Die glatte, helle Haut, die blutroten Lippen und das schwarze Haar locken BetrachterInnen. Und doch bleibt ES – das Schneewittchen – unantastbar, im gläsernen Sarg gefangen. Konserviert für die Ewigkeit, auf Eis gelegt, um das jugendliche Aussehen zu bewahren und zugleich rätselhaft.

Sehr unterschiedliche Diskurse kommen ins Spiel, die den kulturell und gesellschaftlich gesetzten Schönheitsmythos berühren und immer wieder neu definieren: bildende Kunst, Medizin (Naturwissenschaften), Mode, Literatur etc. werden in den Blick genommen. Wort und Bild gehen einen Dialog ein, der nicht nur erwünscht und inszeniert ist, sondern zudem auf Anhieb die Medien, Apparaturen und Technologien sichtbar macht, denen die heutige Norm des Körpers und der Schönheit (aus kulturwissenschaftlicher Sicht) zugrunde liegt. Damit werden die Produktionsprozeduren und Objektivierungen von Körperlichkeit und Schönheit als kulturell Gemachtes deutlich. Allerdings steht nicht nur die Analyse des

10

Phänomens Schneewittchen im Vordergrund, sondern vielmehr beschäftigen wir uns mit der eigenen Faszination an dieser Märchenfigur, die sich in den Beiträgen auf sehr unterschiedliche Art und Weise ausdrückt und für Sie wiederum zu neuem Leben erwacht. Inhaltlich werden drei Bereiche entwickelt und miteinander verknüpft: Das erste Drittel des Buches stellt die Bezeichung der Figur des Schneewittchens neu her und zeigt seine kulturelle Aktualität. Im Mittelteil wird der Schönheitsmythos beleuchtet und reinszeniert. Der Schlußteil bringt die Verbindung zwischen Text und Bild als Nahtstelle der Modellierung des Subjekts ans Tageslicht. Beispiele aus der Literatur und der bildenden Kunst, aber auch aus der Mode und im Medium des Films werden in Bezug zueinander gesetzt und bilden die eiskalte Oberfläche ab, lassen spüren, was das Buchcover verspricht.

Die AutorInnen nähern sich der "Eisblume" dieses Märchens unter verschiedenen Gesichtspunkten: Christina von Braun schlüpft in die Rolle des technologischen Avatars. Hans Bankl kommt ausnahmsweise nicht "zu spät" und widmet sich dem Scheintod. Mieke Bal hält uns den gesellschaftlichen Spiegel, der sich im Märchen vom Schneewittchen ausdrückt, vor Augen und Thomas Macho spürt in den sieben Zwergen Totengeister auf. Gerburg Treusch-Dieter setzt sich mit toten Bräuten auseinander und Julian Schutting setzt das Szenario der Bildwerdung in seinem Schlußwort poetisch um.

Die Figur des Schneewittchens ist symptomatisch für das Erstarren des Menschen zum Bildobjekt. Visuelle Medien prägen unser Menschenbild und unsere kulturelle Identität. Die fortschreitende technologische Entwicklung ist gerade an der Wende in ein neues Jahrtausend nicht aus den Augen zu verlieren und in ihrem gesellschaftlichen Kontext zu erfassen. Daraus resultieren nicht zuletzt unsere Entwürfe von Wirklichkeit, die wir hier in ein surreales Kleid hüllen, das sich eiskalt angreift.

Gerda Buxbaum, Christina Lammer

September 1999

INHALT

CHRISTINA VON BRAUN
EISBLUMEN

Sie müssen sich da draußen ja den Arsch abfrieren. Hier drinnen ist es wärmer. Das sieht man schon an den Eisblumen. Im Bergwerk ist es wahrscheinlich auch wärmer. Da wird einem schon von der Arbeit warm. Denen jedenfalls. Sie wissen schon. Vielleicht arbeiten sie deshalb so gerne. Rein in den Berg, raus aus dem Berg, rein in den Berg... Erzbergwerke, daß ich nicht lache! Wenn es nur um das bißchen Eisen ginge, wären diese Herren nicht so eifrig dabei. Und wie sie sich dann immer haben, wenn sie nach Hause kommen – mit ihren "Tellerchen" und "Bettchen" und "Becherchen". Noch ein Tag mehr, und ich hätte gekündigt. Kochen, betten, waschen, nähen, stricken – und, bitte schön, nicht irgendwie, sondern alles schön ordentlich und immer schön rein! Rein?? Was verstehen die schon davon? Rein ins Bergwerk, ja, das verstehen sie. Und rein in die Waschmaschine! Und reine Betten! Aber sonst? Lieber hier hinter Eisblumen liegen als mit denen im Bett. O weh, da kommen sie schon wieder. Wie die Zeit verfliegt. Das liegt vielleicht an Ihnen. Also, Augen zu, tief Luft holen. Sie dürfen nichts merken, sonst holen sie mich wieder raus. Sehen Sie, wie sie da stehen und glotzen, einer wie der andere! Als hätten sie noch nie eine Frau gesehen, die die Luft anhält? Trottel! Verstehen Sie jetzt, warum ich froh bin über die Eisblumen? Das verstellt diesen Spannern den Blick.

Neulich, als sie zur Arbeit gegangen waren, kam jemand vorbei. Ein ganz netter Typ. Der hat mir auch Blumen gebracht, und ich habe sie von der Scheibe gekratzt, damit wir uns besser unterhalten können. So wie jetzt. Er sagte, er sei Eisbrecher. Aha, sagte ich, das muß ein toller Beruf sein, wo er ihn denn ausübt? Mal hier, mal da, sagte er, aber das Geschäft laufe nicht mehr so gut wie früher. Immer nur Packeis, das sei langweilig. Ich fing an, von Eisbergen zu schwärmen. Unsinn, meinte er, die seien gar nicht so schön, wie man denkt. Außerdem würden sie schmelzen. Und dann, was machen Sie dann?, fragte er mich. Ich wußte auch nicht, was ich sagen sollte. Ein geschmolzener Eisberg ist tatsächlich nicht so schön. Da ist sogar Packeis noch besser. Na ja, wir redeten so vor uns hin. Er erzählt vom Packeis, ich erzähle vom Apfel – da passiert etwas Seltsames: Der Mann wurde immer kleiner. Er schrumpfte. Vor meinen Augen. Nein, schrie ich, nicht schrumpfen, dann müssen Sie ins Bergwerk, und ich kann mich hier wieder langweilen. Aber er war nicht aufzuhalten. Er wollte schrumpfen – wußte plötzlich nicht mehr, wer seine Eltern sind. Und Frauen? Nie gehört. Und als er dann anfing, von den blöden Tellerchen und Becherchen zu erzählen, wußte ich, daß nichts mehr zu machen ist. Man sah's ihm an, er war richtig froh, einer von denen geworden zu sein. Schluß aus.

Ich glaube inzwischen, daß sie eigentlich alle schrumpfen wollen. Er war ja nicht der erste, mit dem mir das passierte. Ja, schauen Sie mich nur erstaunt an. Es ist immer dasselbe. Erst sind sie ganz nett, man unterhält sich angeregt, bis die Scheiben beschlagen, und dann – paff – fangen sie an zu schrumpfen. Nein, nein, Sie täuschen sich – ich tue denen nichts, die schrumpfen von sich aus, aus reiner Lust am Schrumpfen. Verstehen Sie jetzt, warum mir Eisberge so lieb sind? Die schrumpfen nicht freiwillig. Die bleiben so wie sie sind – jedenfalls solange man sie nicht aus ihren Gewässern holt.

Wahrscheinlich sind Sie auch so einer. Jedesmal denkt man, dieser ist bestimmt ganz anders. Dann legt man sich ins Zeug – habe ich Ihnen eigentlich schon meine Vorgeschichte erzählt? Nein? Gleich – also man legt sich ins Zeug, erfindet immer neue Details für die Geschichten: Schnee und Blut, Marmor und Wein, Himmel und Hölle, was weiß ich. Sie hören mit Interesse zu, bis ihnen die Ohren ganz rot werden – und dann passiert es. Jedesmal. Sie verschwinden, fast jedenfalls. Eigentlich habe ich gar nicht mehr den Mut, neu anzufangen. Sehen Sie, Ihr eines Ohr ist auch schon ganz groß geworden und ganz rot. Dazu die schwarzen Haare, sieht irgendwie gut

aus. Gefällt mir. Ich glaube, Sie können wenigstens gut zuhören. Aber bitte schrumpfen Sie nicht – das würde ich nicht ertragen.

Also, Sie wollten wissen, warum ich in dieser Maschine gelandet bin. Ich lief neulich in der Stadt herum, ohne besonderes Ziel. Ja, in der Fußgängerzone. Eine solche Menschenmenge. Da stößt mich plötzlich einer von der Seite an und fragt mich nach dem Weg. Er wollte zum Dom. Wir kommen ins Gespräch, er sagte, er sei Priester und wolle die Messe lesen. Sie verstehen, roter Wein, weiße Hostie... dazu der schwarze Rock. Eigentlich hätte ich mir schon denken können, was auf mich zukommt. Ich habe einfach nicht aufgepaßt. Er lud mich ein mitzukommen. Was soll's, dachte ich mir, hast' sowieso nichts zu tun, da kannst du auch mit in die Kirche gehen. Während des Wegs redete er ohne Unterbrechung, ohne Punkt und Komma. Ich war schon fast erschlagen, als wir im Dom ankamen. Und dann ist es ganz schnell passiert. Erst Musik und Gesang, dann das weiße Brot, dazu der Wein – und in dem Moment, wo es klingelte, wurde mir schwarz vor den Augen. Wie lang weiß ich nicht. Als ich wieder aufwachte, lag ich in diesem Ding. Lauter Leute drum herum, darunter auch der Priester. Er war ganz klein geworden, die anderen auch, und sie stritten sich um ihre Tellerchen und Becherchen. O weh, dachte ich, das gibt vielleicht ein Durcheinander. War aber nicht der Fall. Sie zogen los zum

Bergwerk, einer nach dem anderen, im Gleichschritt. Ich rief ihnen hinterher, sie sollten mich rausholen. Aber offenbar hörten Sie mich nicht – gefällt mir wirklich sehr gut, Ihr großes Ohr – die jedenfalls hörten mich nicht. Aber ich konnte sie hören, wie sie sangen und mit ihren Schippen den Takt schlugen. Es klang ziemlich erbärmlich. Ich war froh, als wieder Ruhe war. Seitdem tue ich so, als würde ich schlafen, wenn sie auftauchen.

Ob Sie mich rausholen sollen? Ach, das haben schon so viele versprochen! Und kaum wollten sie zur Tat schreiten, fingen sie an zu schrumpfen. Warum soll das bei Ihnen anders sein? Manchmal überlege ich, daß es schon ganz nett wäre, wieder unter die Leute zu gehen. Aber dann denke ich an die Fußgängerzone und an die vielen Leute, und ich sage mir, daß ich genauso gut hier bleiben kann. Hier ist es wenigstens still. Ich langweile mich ja auch nicht. Entweder kommt jemand vorbei, wie Sie jetzt – also dieser Blick hinter Ihrer Brille, der gefällt mir schon sehr gut. Was sehen Sie eigentlich, wenn Sie die Brille ausziehen? Sie sind kurzsichtig? Ziehen Sie doch mal die Brille aus, damit ich Ihre Augen sehe! Ihre Augen gefallen mir gut, die schauen so direkt, so aufmerksam. Hoffentlich sind Sie kein Scharlatan. Das würde ich nicht ertragen: ein Schwindler, der solche Augen machen kann. – Na ja, und wenn niemand vorbeikommt, gehe ich einfach ins Netz. Da kann man soviel herumspazieren, wie

man will. Keiner tritt einem auf die Füße, verstehen Sie.

Nein, schwarz-weiß-rot gibt's da nicht. Nur schwarz-weiß. Es ist wahr, das stört mich auch, daß es kein Rot gibt. Kein Wein, kein Blut, kein gar nichts. Dafür schrumpfen die Kerle im Netz aber auch nicht. Groß sind sie und groß bleiben sie, auch wenn ich ihnen vom Apfel erzähle. Warum mir das Rot fehlt? Wissen Sie, rot das ist wie anfassen, das ist wie riechen und schmecken. Eigentlich würde ich ja doch ganz gern mal Ihre Haut berühren. Ich habe nur Angst, daß Sie schrumpfen, sobald ich den Deckel aufmache. Und daß Sie sofort anfangen, von ihrem Becherchen zu sprechen. Also halten wir den Deckel lieber geschlossen. Als ich neulich im Netz war, bin ich einem interessanten Typ begegnet. Eigentlich waren es zwei – nur der eine hatte Hunger und drängte seinen Freund, essen zu gehen. Der wollte aber gar nicht aufhören zu reden. Schließlich sagte ich, daß ich auch Hunger habe. Leider sind sie noch nicht so weit, im Netz auch Essen anzubieten. Warum eigentlich nicht? Sex bieten sie doch auch schon an, da könnten sie von Zeit zu Zeit auch einen Apfel anbieten. Ich sagte also, daß ich auch Hunger habe und deshalb meinerseits die Unterhaltung beende. War natürlich Unsinn, weil ich hier gar nicht rauskomme. Was passiert? Eine halbe Stunde später stehen zwei Typen im digitalen Outfit vor mir, mit einer Pizza unterm Arm! Das mit der Pizza war zwar nett gemeint, aber die Typen selbst! Die Handschuhe waren riesig groß und voller Drähte, ich weiß gar nicht, wie man damit essen soll. Und eine Öffnung für die Nahrungsaufnahme konnte ich auch nicht entdecken. Ausziehen wollten sie sich nicht. War vielleicht auch besser so. Ich war froh, daß ich mich schlafend stellen konnte. Nach einiger Zeit sind sie wieder abgezogen. Warum sind die Leute im Netz nur so anders als in Fleisch und Blut? Kennen Sie das? Diese Lust, jemanden, den man im Netz kennengelernt hat, einmal in Rot zu sehen? Und dann – unweigerlich – diese Enttäuschung, wenn er vor einem steht! Zum Glück verstellen mir die Eisblumen meistens den Blick. Wer hat das gesagt? Godard? Das ist

kein Blut, das ist rot? Ein schöner Satz. Der gefällt mir. Aber gilt er nicht auch andersherum? Wenn ich mir Sie so anschaue – Entschuldigung, ich will Ihnen nicht zu nahe treten; Sie brauchen nur den Deckel zuzuhalten – wenn ich mir Sie also anschaue, dann weiß ich, das ist kein rot, das ist Blut. Ihr feuerrotes großes Ohr, Ihr Lachen, das an meiner Maschine so ein schönes Echo hinterläßt. Wenn ich nicht eine solche Angst davor hätte, daß Sie wie alle anderen Eisberge schmelzen, hätte ich wahrscheinlich schon längst den Deckel geöffnet. Aber inzwischen bin ich vorsichtig geworden und verlaß mich lieber auf die Einbildung. Ich stelle mir vor, wie es wäre, wenn ich Ihre Haut berührte, frage mich, wie Ihr Mund wohl schmeckt, wie Ihre Haare sich anfühlen, wenn ich sie zwischen die Finger nehme. Seltsam, Sie schrumpfen gar nicht. Wahrscheinlich sind Sie tatsächlich ein Scharlatan. Jeder normale Mann schrumpft, wenn ich ihm solche Dinge sage. Aber Sie! Ich ahnte es, ein scharlachroter Scharlatan! Mir wird ganz schwindlig. Andererseits, warum eigentlich nicht? Ein roter Scharlatan ist auch nicht schlimmer als die Schwindler im Bergwerk und die Schwindler im Netz. Warum sollte der Schwindel nicht auch die Herren aus Fleisch und Blut befallen? Vorgewarnt haben Sie mich ja: Das ist kein Blut, das ist rot. Trotzdem, Ihr Rot sieht irgendwie anders aus. Wie anders? Es sieht aus, als sei es warm und weich und flüssig.

Das hat so was Besonderes. Irgendwie werde ich jetzt doch nervös. Sie stehen da, ich liege hier, zwischen uns die Eisblumen. Sie sind rot – anders rot –, und ich bin weiß und bleibe in der Maschine. Ich meine, mich stört's ja nicht. Ich habe hier meine Ruhe, schaue in meinen Eisblumen-Monitor und laß es mir gutgehen. Und wenn Sie mir dabei Gesellschaft leisten wollen, bitte sehr. Übrigens bricht mein Server immer wieder zusammen. Kennen Sie sich aus mit diesem Modell? Ja ja, ein Apple. Auslaufmodell?? Glaub' ich nicht. Wenn ich denke, wie lange ich schon an meinem Apfel kaue! Das kann noch lange so gehen. Warum wollen Sie eigentlich, daß ich mir ein anderes Modell zulege? In der Hinsicht unterscheiden Sie sich übrigens nicht von den anderen. Wenn Sie wüßten, wie viele Herren hier schon standen – da, wo Sie jetzt stehen –, die mir zu erklären versuchten, warum gerade meine Maschine schlecht funktioniert. Alle wollten sie mich verbessern, mich aufrüsten, meine Festplatte aufräumen, mich rauffahren, runterfahren – ich bin halb verrückt geworden. Seit einiger Zeit lasse ich keinen mehr ran. Finger weg, basta, habe ich gesagt. Dabei zuckt es einigen noch immer gewaltig in den Fingern. Aber ich bleibe eisern. Das ist Ihnen ganz egal? Wieso ist Ihnen das egal? Bis jetzt war das noch keinem egal. Vielleicht fehlt Ihnen nur einfach das richtige Engagement. Sie sollen ja nicht an meiner Maschine rumfummeln.

Aber so ein bißchen Interesse für meine Angelegenheiten wäre doch nicht zuviel verlangt, oder? Ich sage Ihnen, mein Server hat einen Wackelkontakt, und immer wenn ich mich einlogge, bricht die Verbindung zusammen. Sie wollen das sehen? Na bitte: Name: Schneewittchen, Passwort: weißnicht. Zack, schon bin ich wieder draußen. Sie meinen, das liegt am Passwort? Auf die Idee ist noch keiner gekommen. Wieso geht weißnicht nicht? Weil ich weiß bin? Ach so, weil man nicht sagen kann, daß man nichts weiß. Das leuchtet ein. Der Server akzeptiert keinen user ohne Profil? Sie sind nicht nur ganz nett, sondern auch schlau. Und in Ihren Fingern zuckt es auch nicht bedrohlich. Wenn Sie wüßten, wie oft ich mir schon so einen gewünscht hätte, der mitdenkt und ein bißchen lacht und rote Ohren bekommt. Das ist selten, sehr selten geworden. Sie müssen gehen? Schade. Endlich einer, der nicht zu den kleinen Sieben gehören möchte, und ausgerechnet der geht wieder. Macht nichts, den Deckel hätte ich ohnehin nicht aufgekriegt. Eingerostet, sagen die Kleinen. Vielleicht haben sie ihn aber auch nur zugeschraubt. Mir ist das inzwischen auch ganz recht, so kommen sie nicht an mich ran. Aber bei Ihnen ist das anders. Kommen Sie bald wieder! Und vergessen Sie nicht, mir wieder so einen schönen Strauß Eisblumen mitzubringen!

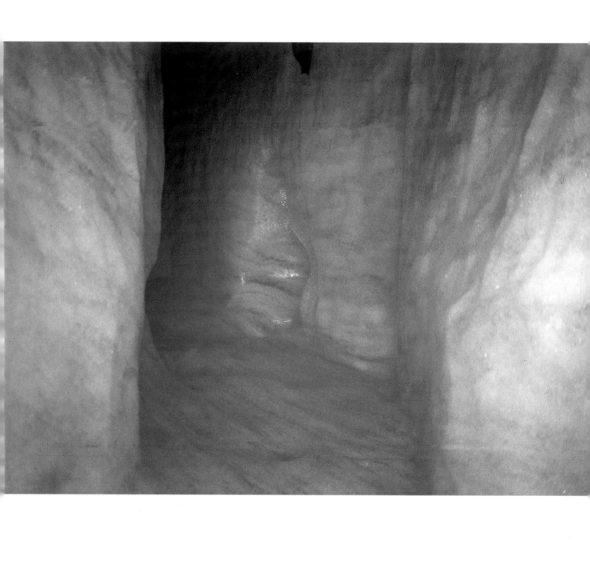

JEAN-CLET MARTIN
VON EINER WEIßEN ROSE
ZWISCHEN
GEFRORENEN TULPEN

Die Wirklichkeit im Märchen geht nicht auf die Vergangenheit zurück, auch wenn die uns darin erzählten Begebenheiten auf eine uralte Zeit, auf einen schwer einzuordnenden Zeit-Raum verweisen. "Es war einmal", "Eines Tages" sind Vorkommnisse, die sich schwer genau bestimmen lassen. Es handelt sich um "einmal" ("d'une fois"), das "früher", ein "andermal" ("autrefois") stattfindet – ein andermal, das auf ein ganz anderes Mal hindeutet. Das Märchen spielt sich in einer Gegend ab, die niemandem gehört und in der sich wie in der Fiktion nichts auf eine Zukunft bezieht, die morgen eintreten könnte. Es hat nichts mit dem Wahrscheinlichen zu tun, mit dem, was wir vom Zukünftigen erwarten würden. Im Gegenteil, von den Begebenheiten im Märchen erwartet man nicht, daß sie eintreten. Sie haben immer schon stattgefunden, irgendwo im Ungewissen, an einem Ort, der sich in keiner Weise erahnen (entrevoir) läßt. Das Märchen ist wirklich, fast überwirklich wirklich und läßt sich weder irgendwann noch zu einer bestimmten Gelegenheit aufzehren, aufsaugen oder vollenden. Es ist viel umfassender als das, was vollendet werden kann, reicht über das, was ein Ende hat und überhaupt nur einmal geschieht, weit hin-

aus. Und es dreht sich überhaupt nicht um das, was geschehen könnte, sondern vielmehr um ein sehr sonderbares "einmal", dem es aber nichts schuldig bleibt. Denn dieses "Mal" erweist sich als viel zu dicht, um sich vom Tagesgeschehen aufzehren zu lassen. Das Märchen erörtert ungewöhnliche, sich aber dem Vorgang des Vergehens entziehende Begebenheiten, die uns immer noch etwas sagen und die durch die Notwendigkeit, sich endlos zu wiederholen, beunruhigend, überraschend sind, einem nicht aus dem Sinn gehen, immer wiederkehren, als ob die Tatsache, daß sie erzählt werden, nicht genügen würde, sie vollkommen zu erzählen, und wir sie ständig immer wieder berichten, immer wieder spielen müssen.
Und deshalb beziehen sich im Märchen die Landschaften und Intrigen nicht auf die Gegenwart. Ich weiß, wo die Gegenwart zu finden ist. Sie liegt im Greifbaren, Sichtbaren, Lokalisierbaren. Aber im Märchen ist es uns kaum möglich genau festzustellen, wo dieses "früher" ist. Man könnte sagen, das Märchen wird durch eine Bedeutung gespeist, die viel reicher ist als die Gegenwart. Eine Bedeutung, durch die es überbordet wird und die von ihm nicht losläßt, durch die es weiter fort-

21

besteht, wider und entgegen der verfliegenden, alles verschlingenden Zeit. In der Gegenwart haben wir mit Tatsachen zu tun. Im Märchen sind die Begebenheiten weit komplexer als Tatsachen, als das, was geschieht und sich irgendwo ereignet. "Es war einmal", "früher" sind Hinweise auf einen urtümlichen, vagen, unklaren Zeit-Raum, der selbst über sämtliche Orte, die man anführen könnte, hinausgeht. Und das ist es im übrigen, was mit dem utopischen Namen Schneewittchen in der Wiederholung, in der ständigen Wiederaufnahme oder Wiederkehr seiner, auf einmal unmöglich auszudrückenden, makellosen Durchsichtigkeit immer wieder suggeriert wird.

Schneewittchen bezeichnet somit eine verschwommene Gegend. Das Weiß (le blanc) (Blanche-Neige: auf deutsch: Schneewittchen, beinhaltet das alte niederdeutsche Wort witte = weiß. A.d.Ü.) sieht man nicht. Als glänzende Farbe des Unendlichen überzieht es das Antlitz der Verstorbenen mit seinem Schnee. Das Weiße (la blancheur) ist nicht in den Dingen, es durchdringt sie, hebt sie auf "einmal", das wie "früher", ein "andermal" ist, empor. Die schönste Formulierung bezüglich des Weiß, des sich im Schnee verstärkenden Weißen, findet sich bei Herman Melville in seinem Moby Dick: "...daß die geheimnisvolle Kosmetik, die jede dieser Farben hervorbringt, das große Prinzip des Lichtes selbst für immer weiß und farblos bleibt und, wenn es ohne Zwischenträger auf die Materie einwirkt, alle diese Dinge, selbst Tulpen und Rosen in seine eigene weiße Farbe taucht,..." (Aus: Herman Melville, Moby Dick, aus dem Amerikanischen von Richard Mummendey, Heyne Verlag, München 1996, Seite 252. A.d.Ü.) Tulpen, Rosen, im Knistern gefrorener Blütenblätter – das ist die Textur des Märchens! Hier sieht man gut, daß das Weiß eigentlich nirgendwo aufscheint. Da es allgegenwärtig ist, läßt sich sein genauer Ort nicht feststellen. Es ist die Seele der Welt. Sein Schnee streift an der Rückseite der Dinge herab, bleibt jedoch an keiner Stelle haften. Das Weiße des Märchens ist wie ein Mantel der Wirklichkeit, die geheimnisvolle Kosmetik oder Schicht der Zeit, worin sich die Begebenheiten zusammenziehen, wo alles wie durch eine Passage durchgeht. Und dort, wo alles durchgeht, diese Schicht, auf der alles ins Rutschen kommt, wie soll sie selbst durch etwas durchgehen? Sie ist weder Gegenwart, Vergangenheit oder Zukunft, sie ist das Kollier, an dem sich die Begebenheiten aneinander aufreihen und sich derartige Zeit-Achsen befinden. Hier passieren die Tatsachen, sie selbst bleibt unbeweglich! Deshalb wohl stirbt Schneewittchen nicht, sie wartet auf den Kuß, der sie aufwecken und der Zeit eine neue Gelegenheit geben wird, sich in einer gänzlich unerwarteten Wendung, in deren Folge jegliche Intrige brüsk umgewälzt wird, zu füllen. Es gibt etwas Wichtigeres als Tatsa-

chen, etwas, das weit über die Gegenwart hinausreicht und viel üppiger ist
als das im Schoße der Vergangenheit
auf ewig beseitigte Wirkliche, und das
Märchen – weit besser – versucht,
genau davon das Weiße festzuhalten:
Eine Größe, ohne die es keine Farbe
gäbe, die sich aber nicht allein auf die
Farbe als solche beschränkt. Es wäre

unrecht, sich über jene Geschichten
lustig zu machen, die wir heute unseren Kindern nicht mehr erzählen, weil
wir darauf vergessen haben, um ihnen
sehr früh ein zu ernstes, zu realisti-
sches Programm aufzuhalsen, zum
größten Unglück für die Menschheit.
Schneewittchen ist in gewisser Weise
das Märchen von der Farbe: das Blau

der Gewänder, das Gelb des Zwergen-
hauses, das Schwarz der Hexe, das
schicksalhafte Rot des Apfels, der Lippen, die sich seiner bemächtigen –
ein Ensemble von Farbtönen, das vom
Weiß gebrochen wird und dessen
Reserve, der Glassarg, in dem sich
alles, was möglich ist, spiegelt, es
bezeichnet. Im Zusammenhang mit
dieser Seele der Farbe, jener Dimension, die viel reicher ist als die Faktua-
lität des Wirklichen, und unter dem Vorzeichen einer Zeit, die weder von
gestern noch von heute stammt, vielmehr "von früher", "einem andermal",
in jeder Hinsicht anders als Gegenwart, Vergangenheit, Zukunft – eine Art
Zwischen-Zeit, ein Auftakt, ja eine
Unzeit, durch die wir zum Weißen
gelangen können, das Tulpen und
Rosen für ihr Rot unbedingt brauchen,
in diesem Zusammenhang möchte ich
einen Maler heranziehen, um etwas
herauszukristallisieren.
François Rouan, der französische
Maler, der mich an das Bild dieser Zwischen-Zeit denken läßt, das mich
beherrscht und dessen Gestalten
etwas vom utopischen Aspekt des
Märchens haben, ist allen voran ein
Kolorist eines neuen Genres, ein Kolorist, bei dem sich die Farben so ver-
flechten, bis sie einen hellen Lichtschein, eine Tiefenschärfe erzeugen,
die zwischen Gemälde und Blick wie
eine Art Zwischenbereich entsteht,
kurz bevor die Farben in einer ganz
und gar nicht von dieser Welt stammenden Dichte gebrochen, aus-

gelöscht werden. Von da her war es
natürlich, daß er in den letzten Jahren
auf das mit Schnee bedeckte Weiße der
Gipfel stieß, wo alle Farben zusammen-
treffen, ein Weißes, das zuweilen wie
ein flockenartiger Fleck auf die Dinge
fällt, sich von ihnen jedoch zumeist wie
ein Abdruck, wie Schweiß abstößt:
eine Art Leichentuch, durch das hindurch der Körper sichtbar wird und
dabei wieder auf die lange Geschichte
vom Auge trifft, das sich auf die Suche
nach seinen Gestalten macht.
Man könnte auch sagen, der Körper ist
keine rohe Gegebenheit, keine konsti-
tuierte Tatsache, sondern er durchläuft
ein seltsames Abenteuer, in dessen
Folge er erst sichtbar wird, eine
Gegend, die durch seine aktuelle
Gestalt in Fleisch und Knochen nicht
beseitigt werden kann, ein Bereich der
Individualisierung, ihn begleitend wie
eine Art Lichtschein, dem er seine
Posituren und Haltungen entnimmt,
eine durch das Weiße verschwommene
Zone, durch die er irren muß, um seine
Gebärden zu erwerben und seine
Gewohnheiten herauszufiltern. Was
mich zugegebenermaßen unweigerlich
an einen alten geheimnisvollen, stimm-
losen, für alle Zeiten unverständlichen
Satz von Plotin denken läßt, der jedoch
wunderbar nahe an Rouan und an den
Spiegel der Hexe (eine Psyche) heran-
kommt, die ihr Spiegelbild befragt und
den Spiegel ersucht, ihre Schönheit als
höchste Wahrheit geltend zu machen:
Der Körper, bestätigt Plotin, der keineswegs lebensfähig aus den Händen

der Natur entlassen wird, stellt sich der Seele entgegen, die ihm das vollständige Leben verleiht. Und die Seele betrachtet den Körper, indem sie das Abbild ihrer selbst wahrzunehmen glaubt, und ist fasziniert, als ob sie in einen Spiegel blickte, läßt sich anziehen, neigt sich und fällt. Ihr Fall bezeichnet den Beginn von Leben.

Die gesamte Wirklichkeit wird so durch das glänzend Weiße der Seele betrachtet, zwischen Fenstern, Bögen, Portalvorbauten, die sich da und dort unter dem Gewicht der Schubkraft öffnen, die zwischen der körperlichen Projektionsfläche des Fleisches und dem projektierten Licht des Geistes ausgeübt wird. Es entsteht hier ein sagenhafter Druck, der wohl ein Muster, eingerollt im Gewebe von Fleisch, Spuren und Zeichen, wo sich die Vermählung von Geist und Materie anbahnt, zurücklassen muß. Entlang der Stoß-Fläche dieses Zusammenstoßes, auf einer Zwischenfläche, herrschen Hebung und Fall, treffen Seele und Leib aufeinander. Und zwischen dem Druck, den die Seele auf den Spiegel des Fleisches ausübt, und der Erhebung des Leibes in die Gnade des ihn beseelenden Körperlosen, entfaltet sich ein dünner psychophysischer Film, ein Leichentuch, das deren flüchtige Berührung verrät, eine unsichtbare Hülle, auf der ein Abdruck entsteht, die Tätowierung dieses Körper-an-Körper, die Markierung und die Indizien einer Verbindung, deren Musterung den Beginn von Leben skizziert.

Zuerst aber, wenn man mir diesen anachronistischen Gebrauch von Plotin verzeiht, erhebt sich der Körper, hebt sich empor und setzt die Flügeltüren der Materie in Bewegung, jene Türen, die, während sie sich voneinander entfernen, in der Zwischenzeit eine Vertiefung für den Fall der Seelen aushöhlen. Jedoch diese beiden Türen, die aneinander kleben wie beispielsweise ein Bauch auf einer Glasplatte oder eine Brust auf einem Empfangsgerätträger, eine Hand auf einer vereisten Mauer, können sich voneinander nicht lösen, ohne daß die Seele wie ein Fleck auf die Materie fällt. Ein Abdruck entsteht, durch den diese lebendig wird und in dem sich die Seele wie in einem Spiegel oder – unter zeitgenössischeren Vorzeichen – auf einem fotografischen Film spiegelt. Und mitten auf dem Film setzen sich die Indizien des Wirklichen – das Subtilste davon –, die feinen Emanationen der Körper wie auf der Textur eines neuen Lebens ab, eines Lebens, das ganz und gar nicht jenes der Materie ist, sondern welches das indizienhafte Ganze bezeichnet, zurückgelassen auf der perlmutterartigen Oberfläche der Dinge, etwa wie winzig kleine Samen sich auf Schmetterlingsflügeln sammeln.

Der Körper ist der Spiegel der Seele, er ist ihre Haut, die dunkle dünne Schicht, auf der sie sich niederläßt. Hier auf dem Film bleibt sie als indizienhafte Spur haften und wirkt so auf die obskure Mischung von Emulgatoren und Metallpartikel störend.

Diese Mischung chemischer Lösungen definiert das absolute Schwarz, worin die Farben kaputt werden. Daher muß das Weiße zwangsläufig von woanders herstammen, die Farben müssen aus dem Weiß herauskommen wie sie ins Schwarze hineingehen. Ins Schwarze geht man hinein, fällt hinein, während man aus dem Weißen herauskommt, sich von ihm losreißt. In diesem Sinne ist hier eine zweifache Bewegung am Werk, jene der ins Schwarze des Films versinkenden Körper, welche jedoch nur sichtbar werden, indem sie sich der Seele entgegenstellen, sich gegen das Weiße, aus dem alle Farben herausdrängen und fallen, erheben. Die Fotografie macht dieses Fallen der Körper ins Schwarze sichtbar, das heißt aber nicht, daß sie damit auch deren erneuten Aufstieg ins Weiße anzeigt, was wahrscheinlich nur die Malerei sichtbar umsetzen kann. Diese Bewegung von Emporheben und Fall ist recht eigenartig, zeigt uns aber deutlich genug, daß sich der Körper in einem Bereich, in einem von einer Aura ausgehenden Lichtschein verhärtet und sich dort wie ein konturloses Gebilde zusammenzieht, ohne das er keinerlei Gebärde vollziehen könnte, ein gänzlich verdichtetes Weiß, ohne das die Rose niemals das sie von den Tulpen unterscheidende Rot finden könnte. Aus dieser hin und her schwankenden Seele drängen nun die Körper ebenso heraus, wie die Farbe aus dem universellen Weißen herauskommt, und warten – ein Leben lang – darauf, vom Schwarz des Grabes in aller Stille wiedervereinigt zu werden, von jenem Gift des allerrotesten, am meisten verführerischen Apfels, von jener chemischen Mischung, auf die das Schwarz folgt und der das Weiße unaufhörlich insgeheim, ganz leicht, kristallhaft entgegenwirkt, losgelöst vom Körper- =lichen etwa wie der Prinzenkuß, als sich mit ihm zusammen das Lächeln der Schönen von den Lippen löst und sie in der Atmosphäre weiter bestehen, Flocken gleich, deren Verästelungen es ihr erlauben, in die Luft aufzusteigen. Diese Suche nach Transparenz, diese Übernahme der Indizien, das Lächeln, das sich vom purpurroten Mund der Rose losgelöst hat, dieses Leichentuch unserer Lebensgeschichten, all das sieht man auf dem dunklen Grund des Kunststoffes, der Emulsionsbäder lebendig werden und sich über so viele glorreiche Körper ergießen, wobei das Schwarz des Grabes etwas von seinem Weißen zurückerhält, perlmuttartiges, fahles Grün und rosiger Glanz.

Uns interessiert hier das immaterielle Hin- und Herschwanken zwischen dem fotografischen Material und dem Licht der Dinge. Auf dem schwarzen Film gibt es keine Abdrücke. Reine Materie, auf der nichts abgebildet ist. Auf der anderen Seite des Objektivs regiert ein reines Licht, wo nichts sichtbar ist, das leere Weiße, der Blitz, der die Umrisse der Tulpen und Rosen auslöscht. In der Zwischenzeit, an einem ganz anderen "Mal", tauchen zwischen beiden die

Bewegungen und Formen auf, die aus dem Aufeinanderprallen von Licht und Materie hervorgehen, ein Tanz der Seelen. Und François Rouans ganze Anstrengung besteht darin, diesen Tanz der Seelen oberhalb der Fotografie und unterhalb der klassischen Malerei aufzufinden. Nicht auf der Oberfläche des Spiegels oder auf dem dort abgelagerten Silber, vielmehr dazwischen, in der seltsamen Tiefe, wo die blinde Welt der Nacht und die blendende Leere des Tages im urtümlichen Brechen der Farben ineinander übergehen.

Das Gesamtwerk Rouans steht in diesem Sinne im Zeichen des Zwischensehens (entrevoir): weder sehen (voir) noch wahrnehmen (apercevoir), sondern beide Seiten der Vision halb öffnen (entrouvrir), wobei das Weiß auf das Schwarz gepreßt wird, damit sich der Schweiß der Farben zu einem vibrierenden Rosé vermischt – eine zwischen der Leere des Weißen und dem leichenhaften Abgrund des Schwarzen liegende Wirklichkeit, utopische Wirklichkeit, wie die eines Schnees, der auf einem durch das Schwarz endgültig erkalteten Körper weiß würde, bläuliche, grünliche, schmutzigrosa, aus verdampfter Hitze und verbranntem Rauhreif entstandene Phosphene. Das Bild geht so aus einer Berührung hervor, aus einer Membran – einer Art wiedererlangten Zwischenfläche –, aus dem Weißen des Spiegels, aufgetragen auf dem fotografischen Schwarz, dem Farbspektrum, dem Moiré dieser Verflechtung, von der ein virtuelles Schillern ausgeht, etwa wie bei einem Vorhang aus zerknittertem Tüll. Zwischen den Stoffstreifen und der Falte der Riffelung sieht man dazwischen (entrevoir), wie geometrische Hexen und schraffierte Engel tanzen. Wo aber existieren jene Formen, die zwischen den Vorhangteilen leben? Wie kommen wir auf die Motive im Teppich, auf diese phantomhaften Arabesken, die Stoff brauchen, um sichtbar zu werden, ohne wirklich in der Textur ihres Gewebes zu existieren? Genau diese Formen und legendären, ebenso immateriellen Figuren

wie der Körper von Schneewittchen versucht die Malerei von François Rouan zwischen dem Maschenhaften des Bildes und den überlagerten Farben zu sehen (entrevoir) – ein ganzes Bündel aus Helligkeit und Begegnungen, welche nicht mehr in die Ordnung von Gegenwart, Darstellung oder Ausstellung als solche fallen, da und dort faßbar nach Art des Pissoirs von Duchamp oder eines mit Fett eingeriebenen Stuhls von Beuys.

Was der Maler dazwischen sieht (entrevoir), ist nicht unbedingt der Apfel in einem Korb, der in der Materialität seiner vollendeten Gegenwärtigkeit da liegende und sich zur Schau stellende Apfel, sondern vielmehr die Verführung durch sein Gift. Nicht Äpfel, die man ißt, sondern deren Strahlen, die bewirken, daß sich Schneewittchen von einem besonderen Glanz gefangennehmen läßt, von einem speziellen Rot, das nicht zum Obstgarten gehört, sondern zu einem Begehren, das mit dem Hochhalten des schwarzen, bis in den unschuldigen Fall des jungen Mädchens flatternden Mantels der bösen Frau kämpft. Schneewittchen läßt sich von etwas gefangennehmen, das nicht unmittelbar sichtbar ist und nur dazwischen, mehr zwischen den Augen als mit den Augen, gesehen werden kann. Zwischen den Augen entsteht das Bild, das keinerlei spezifische Dispositive für die konzeptuelle Kunst geben kann. Wodurch entdeckt Schneewittchen den richtigen Apfel, eben jenen, der sich als der

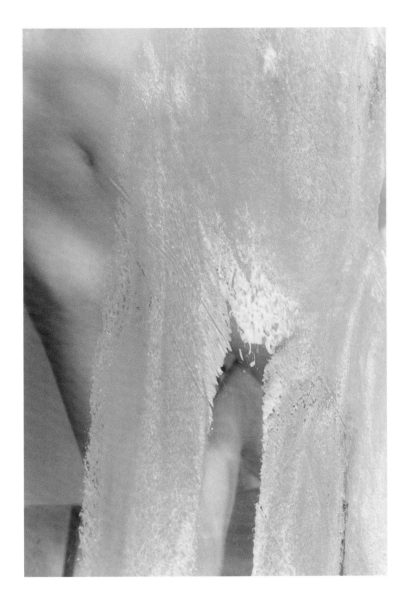

schlechteste erweist? Wo sieht sie das, was durch kein Auge gesehen werden kann und wodurch der schwebende Prinzenkuß, das die rote Riffelung der Frucht hervorbringende mundlose Lächeln bereits freigegeben werden? Darin liegt das Rätsel der Malerei, die sich vom Nicht-Faßbaren gefangenneh-men lassen muß. Der Maler spielt dabei die Rolle eines taub gewordenen Dirigenten, der sich sehr bemüht, die inneren Stimmen zu ordnen, die ihn im Rhythmus einer kurzen unhörbaren Phrase aus dem Konzept bringen. Nicht er tritt auf. Es geht hier nicht um ihn. Man kommt nicht wegen des

Orchesters, und die Aufführung spielt sich nicht dort ab, wo man sie erwartet, auf der Bühne, wo die Musiker sind. Die Musiker sind da, aber man kommt nicht ihretwegen. Sie selbst sehen in ihren Partituren nur schwarze und weiße Noten. Sie müssen dazwischen sehen (entrevoir), einfangen, was sich hier abspielt, zwischen all diesem Weißen, Schwarzen und der Stille, durch die ihre Präsenz hier an diesem spektakulären Ort gerechtfertigt ist, Noten, die nirgends greifbar, deretwegen jedoch alle gekommen sind, selbst der Dirigent, der weder die Geigen noch das Applaudieren mehr hört.

Der Maler hat sich selbst gegenüber die Verpflichtung weiß wie Schnee zu werden, ein blinder Visionär, der den richtigen Apfel auswählt, davon gefangengenommen, was darin am schlechtesten ist, jenem Gift, das aber gleichzeitig den Kuß freigibt, der nun auf und davon fliegen und wie ein Schmetterling im Raum flattern kann, während ein Lächeln der Prinzessin zwischen den schraffierten Riffelungen des ihr den Duft der Mona Lisa verleihenden Apfels die Zeit ganz und gar erfüllt. Im Raum von diesem Weiß vermag sich der Rauhreif von den Tulpen wie rosafarbige Schenkel lösen, die über den Körpern beginnen, alleine zu leben und sich auf der kalten Glasscheibe winterlicher Morgen niederlassen. Tulpen und Rosen umschlingen sich auf diese Weise in einem Bereich, in dem ihre kosmetische Schicht sichtbar wird, losgelöst vom Fleisch, das diese durch so viele kleine, auf der blauen Oberfläche des Kristalls glänzende Phosphene wie ein Kleid an hat und dabei Bilder nach Art eines auf einem Eis liegenden Staubkörnchens entstehen läßt, ein Samenkorn, das den Rauhreif in Form von Landschaften kristallisiert, über die einzig Kinder staunen, wenn sie sehen, wie sie wie durch ein Wunder auf der Innenseite der mit Eis überzogenen Fenster blühen. Diese von nirgendwo herkommenden Blütenstempel und durchscheinenden Staubgefäße lassen uns unweigerlich an ein "Irgendwo" denken, das der Maler durch einen ganzen Bilderschwarm aufhellen muß, polarisiert durch die Indizien der Welt, kleine weiße Staubkörnchen, die sich auf der Schmelzmasse der Farben wie kleine, die Richtung der Kristallisierung angebende Initialteile abgesetzt haben, anfängliches, das Abkühlen der Gestalten lenkende Samenkorn.

Aus dem Französischen von Karin Schreiner

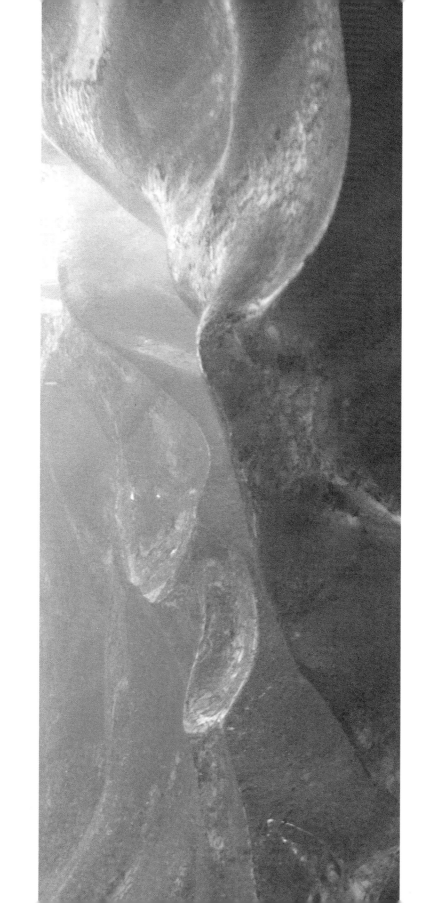

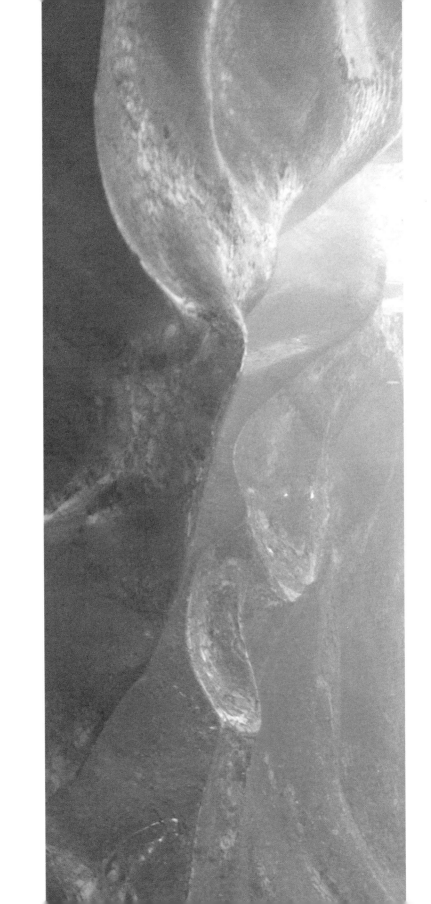

CHRISTINA LAMMER
AUF EIS GELEGT

Schneewittchen:
eine TRIlogie des kristallinen Körpers

"Es war einmal" eine Körperspende, die noch zu Lebzeiten ihres Besitzers oder ihrer Besitzerin der Zergliederungskunst vermacht wurde. Ich könnte sie auch Kadaver oder Leiche nennen, aber das nimmt ihr etwas von der materiellen Wertigkeit, die sie für die moderne Medizin hat. Die Märchenfigur des Schneewittchens korrespondiert mit dieser fleischlichen Spende in vielfacher Hinsicht. In der Konservierung des toten Fleisches stellt sich eine kulturell geformte Schein-Lebendigkeit her, die derzeit unter dem Titel "Körperwelten" in Wien ausgestellt wird.

Was macht den Wert der Spende für die Medizin aus und wie erstarrt sie zur Körperkunst und gleichzeitig zum Modell des Menschen? Ob ich Ihnen nun medizinische Präparate und Plastinationen vor Augen führe, die als Kunst präsentiert werden, oder Kunst, die unter dem Titel "Präparat", die medizinische Konservierung dekonstruiert: Die MACHART unseres Schneewittchens droht stets zu verschwinden. Es braucht eine Rezeptur, die in einer Art Hexenküche (im Labor) zusammengemischt wird, um das Leben für alle Welt einzufrieren und sichtbar zu machen. Die Ingredienzien variieren geringfügig, entsprechen einer

Mischung aus Flüssigkeit und Fleisch, die erst in vitro (im Glas) zum (visuellen) Leben (in vivo) erwacht.

Beim Schneewittchen wird der Wechsel der Aggregatzustände zwischen Leben und Tod sichtbar, materialisiert sich in Form des Glassarges, der gleichzeitig das Geschlecht NEUtralisiert. DAS Schneewittchen existiert nur im ZWISCHEN, nicht greifbar und als gefrorenes Bild. Wir spüren es unter Tag, versteckt bei den Zwergen, auf oder im hell erleuchteten Jenseits, in einem gläsernen Behältnis, von allen Seiten (außer von unten bzw. von hinten: damit kommt der Spiegel als ZWISCHEN ins Spiel) einzusehen.

"Ein sehr schönes Mädchen, eine der schönsten Figuren, die ich je sah, ward völlig wüthend in dem selben Augenblick, wo sie die Verheirathung ihres Liebhabers mit einer andern erfuhr. Ich werde den schrecklichen Anblick nie vergessen. Sie lag ganz ruhig, die Augen aufwärts gekehrt. Ihre Lippen bewegten sich, als ob sie rede; aber sie gibt keinen Laut von sich. Sie ist immer geschlossen. Man sagt mir, sie sei gewöhnlich fürchterlich."[1]

Das schöne Mädchen, das hier als ZWISCHEN beschrieben wird und als Psyche (Spiegel) per se, die droht aufzugehen und aus der Form zu geraten, lebte zu Beginn des 19. Jahrhunderts in einem Panoptikum, im Wiener Narrenturm. Das architektonische Behältnis, schließt die junge Frau ein und gleichzeitig aus. Ihr Begehren bildet die Verbindung zum gesellschaftlichen

Reglement und gleichzeitig zur Optik, die nach Kriterien des geschlossenen, glatten Körpers gehandhabt wird. Die äußere Hülle des Turms bildet die Keimzelle des Präparats, das durch Dressur und therapeutische Behandlung der Nervenärzte und Wärter hergestellt wird. Die Haut um die Körper bildet wiederum einen Behälter, der in Form zu bleiben hat, um die Psyche als innere unkontrollierbare (unbewußte) Schicht in Zaum zu halten.

Gerät das weibliche Begehren aus den Fugen, ist die Psyche nicht mehr zu halten, bringt den Spiegel der Seele zum Zerspringen. Ohne ihn (den Vater, den Prinzen, den Zwerg etc.) kann sie nicht leben. Sie ist die Bewahrerin: die "geschlossene Anstalt" (das sogenannte Irrenhaus), das Zwergenhaus (der Deformationen), das Schloß des Königs (das Refugium des Modells, das Museum). Sie verkörpert die nackte Wahrheit ihres Köpers, die glatte Haut des Spiegelbildes. Doch wie kommt sie ins Bild, wer steckt den kulturellen Rahmen des Spiegels?

Die Bildwerdung ist mit der Menschwerdung gleichzusetzen und interessiert mich vor dem dunklen Hintergrund der MACHART des Spiegels, der für das Märchen vom Schneewittchen charakteristisch bleibt.

Die Spiegelfläche fällt mit dem kristallinen Todeskasten zusammen, mit dem Sarg, der Schneewittchens Bild einschließt, präpariert für die Ewigkeit.

Die Symbolkraft des Märchens verbindet sich nicht nur mit dem Begehren des Mädchens, das nie offen gezeigt wird, sondern immer verhüllt werden muß, sondern fällt zudem mit der Verzauberung des Prinzen zusammen, der sich ins Bild verliebt und davon nicht loskommt.

Wir werden mit paradoxen und gegensätzlichen Konnotationen und symbolischen Ladungen konfrontiert, die das Märchen des Schneewittchens und viele andere moderne Erzählungen bis heute aktualisieren. Die Symbole scheinen sich zu ändern, da die Technologien der Machbarkeit und die Medien der Visualisierung andere sind. Damit verschiebt sich die Materialisierung und Fleischwerdung selbst, die als solche zum Verschwinden gebracht wird und in der Transparenz der Körper aufgeht.

NEUtralisation

Körperlichkeit kristallisiert sich durch die Medien heraus, taucht in den Glaskörper des Auges ein. Dieser wird durch optische Prothesen wie das Kino eingetauscht, die wiederum neue Spiegelflächen herstellen. Wir können dem Wechsel vom Dunklen ins Helle mit freiem Auge längst nicht mehr folgen. Wo genau die Lichtstrahlen ihre Spuren am Film hinterlassen, erstarrt in den chemischen Prozessen und in der Apparatur der Kamera.

Von der Original-Körperspende bleibt kaum etwas übrig, da mit der Chemie und Technik in Anatomie, Film oder Kunst Artefakte geschaffen werden. Die Authentizität der Leiche oder des lebendigen Körpers wird zwar immer

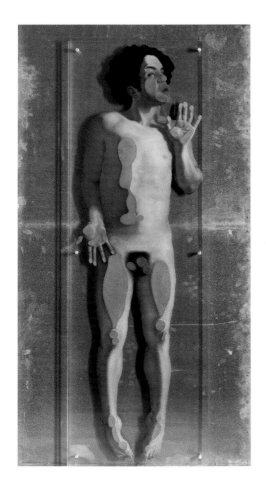

noch beschwört, entbehrt jedoch jeglicher materiellen Basis:
"Die qualitative Änderung besteht im ersten Plastinationsschritt, d.h. in der Fixierung der Leiche zur Plastination (mit Formalin oder durch Einfrieren). Die Umwandlung zum Plastinat (Ganzkörper- oder Einzelplastinat) erfolgt durch die Härtung des Kunststoffes im Präparat. Die Anonymisierung ist zur Abgrenzung der Leiche gegen das Präparat wesentlich, weil nur so sicher die Pietätsqualität beendet wird, nämlich das Gefühl der individuellen emotionalen Verbundenheit mit dem Verstorbenen. ... Selbstverständlich ist jedem menschlichen Präparat die menschliche Qualität weiterhin eigen. Das bedeutet auch, daß ein Plastinat entsprechend der testamentarischen Verfügung des Spenders für Lehrzwecke verwendet werden muß."[2]

Gunther von Hagens', der als der Erfinder der Plastination gilt, macht die Täuschung auf den ersten Blick deutlich: Fleisch und Blut werden gegen Plastik eingetauscht. Im Aceton-Bad wird dem Präparat die Flüssigkeit entzogen. Sodann wird das Gewebe in einer Wanne mit flüssigem Silikon gebadet, erstarrt später zum Plastinat. Die stofflichen Substanzen des Kadavers werden in ein plastiniertes Kunstobjekt verwandelt, dessen "menschliche Qualität" verloren geht. Hagens' Argument der Anonymisierung des Leichnams spielt auf gefühlsmäßige Verbundenheit und individuell menschliche Rücksichtnahme an und droht damit Gegenargumente zu NEUtralisieren. Gerade mit dem GESETZten Ende der "Pietätsqualität" (eine seltsam gewählte Formulierung, die widersprüchlich ausgelegt werden kann) gehen gleichermaßen die Individualität und die Differenz verloren, die Norm kommt ins Spiel.

Den normativen Charakter seiner Kunstfiguren treibt von Hagens' auf die Spitze, indem er sich immer wieder auf die SpenderInnen und ihre "testamentarischen Verfügungen" bezieht. Die künstlichen Ausstellungsstücke für

Lehrzwecke zu verwenden, ganz nach dem letzten Willen der vormaligen KörperbesitzerInnen, gleicht zugegebenermaßen einem Kunstgriff der entwaffnenden Art. Von Hagens' Körperobjekte hängen längst nicht mehr an ihren vormaligen BesitzerInnen: In den "Körperwelten" beginnt eine unaufhaltsame Jagd auf KörperspenderInnen, die weit über den Zweck der Lehre hinausgeht und in eine radikale Objektivierung von Leben mündet. Individualität und Differenz werden NEUtralisiert und als Kunst ausgestellt, die uns mit von Hagens' instruierender Pose entgegentritt und als das Authentische verkauft wird.

Die Methode der Plastination besticht die BetrachterInnen, weil die gläsernen Särge wegfallen. Der Sarg kristallisiert sich direkt im (toten oder lebendigen) Körper heraus, wird durch die chemischen und technologischen Behandlungsweisen hergestellt. Das postmoderne Schneewittchen wird vom Sarg aufgesaugt. Es wird nicht zwischen toten und lebendigen Körpern unterschieden, sondern be- und durchleuchtet, kristallisiert und manipuliert, zersägt und zersetzt, ausgetauscht und erweitert, NEUtralisiert und EXekutiert.

EXekution

Die Toten mit Plastik aufzufüllen und als authentisch oder gar menschlich zu bezeichnen, entspricht durchaus unseren technologischen Trends, wird längst an den Lebenden praktiziert. Wozu brauchen wir Kadaver, die manipuliert und als Kunstobjekte in eine Sichtbarkeit gezerrt und ausgestellt werden, wenn die medizinischen Bildtechnologien (Röntgen, Magnetresonanz, Ultraschall usw.) ohnehin das Leben durchleuchten? Das Licht – der gläserne Sarg – durchdringt das Material. Es bedarf keiner sogenannten "Scheibenplastinate"[3], um die innersten Schichten des Körpers zu zeigen. Die Entmaterialisierung von Fleisch und Blut wird mit den Plastinationen, aber auch mit dem "Visible Human"-Project[4], das von der National Library of Medicine (Bethesda, USA) ins Leben gerufen wurde, mehr als deutlich: "Once quartered, the body was positioned in blocks of gelatin, bought in one-pound cans from the school's cafeteria and colored blue with food dye. Hollow cavities inside the body were filled with blue latex to keep their form. In February 1994, the slicing finally began. … Using an electric circular saw positioned overhead, dubbed a cryomacrotome (cryo for frozen, macrotome because a slice used to make microscope slides is called a microtome), two team members shaved one-millimeter slivers off the block. They checked for tissue that wasn't clearly cut, sprayed cross sections with alcohol, attached labels and color strips to keep color consistent when developing film, then took pictures with three cameras. Between slices, they refroze the block with dry ice. … In the end, it took nearly nine months to produce pictures of all 1,878 slices."[5]

Wir wissen, daß es sich bei den sogenannten Schnittbildtechniken nicht um reale Schnitte ins Fleisch handelt, sondern um Verfahren, die den Körper durchleuchten. Die Hightech-Bilder lösen sich von der filmischen Oberfläche ab und werden im Computer zu Pixel- und Voxel-Formationen[6] zusammengesetzt. Auf diese Art und Weise entstehen scheinbare Schnittbilder, da wir sie mit unserer begrenzten Wahrnehmung als solche erkennen. Der Stoff selbst geht bei den digitalen[7] Technologien der Bildgebung verloren. Sprechen wir nun vom Stoff des Lebens, können wir eine dreifache EXekution benennen:

SCHWARZE EXekution: Paul Jernigan, der heute via Internet als Visible Human zu neuem Leben erwacht, wurde erst EXekutiert. Der Körperspende geht die Lebensspende voraus, die er unfreiwillig gegeben hat, da er als Mörder mit der Todesstrafe verurteilt wurde. Für die Geschichte der modernen Medizin ist das nicht neu. Heute erfährt die Vernichtung des Lebens durch den verabreichten Tod mit der GIFTspritze einen anderen Dreh- und Angelpunkt. Die Spende des Körpers kommt neu ins Spiel, wird Teil der virtuellen Re-integration des EXekutierten in die Gesellschaft (durch Identifikation), berührt unmittelbar die Fragen von Schuld und Vergebung.

ROTE EXekution: Bei der roten EXekution wird direkt ins Fleisch geschnitten, das zu einem Eisblock gefroren vorliegt. Millimeterfeine Scheiben werden runtergehobelt, beschriftet und mit einer digitalen Kamera abfotografiert. Die Konservierung durch Einfrieren erhält die Form des Kadavers. Mit jeder Körperscheibe, die fein säuberlich abgetragen wird, verschwindet ein Stück Schuld. Vom Körper bleibt nichts übrig, der Schuldige gesteht alles – bis zur innersten Faserung seines Daseins. Nie zuvor wurde die Todesstrafe radikaler und grausamer vollzogen: Die ORGANstrafe ist wörtlich zu nehmen, verbindet sich mit der organischen Stofflichkeit des EXekutierten, die bis zum letzten Rest ins Reine zu bringen ist.

WEISSE EXekution: Die weiße Farbe bezeichnet den Prozeß der Reinigung durch und durch. UNschuld wird markiert und taucht als NORM vom Körper im Internetprojekt des Visible Human wieder auf. Die Materialität des Körpers ist darin genauso EXekutiert, wie die des Bildes. Der fotografische Rahmen des Spiegels wird durch einen künstlichen ersetzt, der im Programm – im Code – aufgeht. Die Stofflichkeit der Oberfläche verschwindet von der Bildfläche, Haut und Film sind eins und in sich verkehr-, austausch- sowie programmierbar. Identitäten verknüpfen sich mit dem technologischen Code der Computeravatare. Unser heutiges Schneewittchen ist ein beliebig bespielbares Modell, anhand dessen wir uns auf Tastendruck testen, messen und überprüfen. Vor unseren Computer- und Fernsehbildschirmen konsumieren wir Daten, die sich in der Norm einer künstlich hergestellten Körperlichkeit erschöpfen.

TRIlogie

Im Märchen des Schneewittchens tauchen mehrere TRIlogien auf, die ich nun anhand einer künstlerischen Arbeit darstellen werde: "Präparat I, II, III"[8] hat der Nachwuchskünstler Daryoush Asgar (Wien) seine in Plexiglas gequetschten, verschraubten und verspiegelten Körper genannt. Er rückt mit der gemalten Deformation und Quetschung des eigenen Körpers die Materialität ins Blickfeld der BetrachterInnen. Inspiration holt er sich in den medizinischen Labors, in Krankenhäusern und in der pathologischen Sammlung des Wiener Narrenturms. Er verwendet Glas, um die Farbe – die Verformungen der Figur – sichtbar zu machen. Die Objekthaftigkeit des Körpers wird ausgestellt: Wie richtet sich das ZOOM der Apparatur auf das Fleisch?

Wird bei Labortests Flüssigkeit zwischen zwei Glasblättchen gepreßt und dann unter dem Mikroskop vergrößert sichtbar, bildet Daryoush Asgar diese Transformation ab und zeigt, was sich hinter der Linse des Apparats abspielt. Das Glas bildet die Markierungen des "ICH" (des Subjekts) ab, das in die Stofflichkeit der Farbe übersetzt wird. Durch die Schrauben, die zwei Glasplatten miteinander verbinden, entsteht ein kleiner ZWISCHENraum. Dieser gibt der Figur ihren Körper zurück, durch den wir (von der Seite) durchsehen. Der Körper wird in seiner Nicht-Körper-lichkeit kenntlich, da NICHTS zu sehen ist, außer der Schatten zweier Plexiglasplatten am Metallhintergrund. Glas wird zum Objekt, die gemalte Figur bleibt als Rest übrig. Metallschrauben symbolisieren die Situation der Enge, "man kann nicht ausbrechen"[9] und gleichzeitig der Verwundung, da der Körper durch die Umgebung zum Objekt kristallisiert. Im dunklen Hintergrund aus Aluminium oder Zink (oder Blei) spiegeln sich die BetrachterInnen. Daryoush Asgar lokalisiert das Surreale in den optischen Apparaten, macht uns zum Teil davon. Die TRIlogie, von der hier die Rede ist, löst sich im Spiegelbild auf, das durch das Schneewittchen verkörpert wird. Schneewittchen – gleich Psyche – ist der Spiegel: Die drei Frauenfiguren des Märchens, die Mutter, die mit dem Nadelstich in ihren Finger – mit den drei Tropfen Blut im Schnee – ihrer Tochter das Leben schenkt und selbst stirbt, bildet den Rahmen für den Spiegel. Mit der bösen Stiefmutter wird jene Stelle besetzt, die das Spiegelbild auf sich übertragen will. Dieses bleibt jedoch durchs ganze Märchen hindurch flüchtig. Schneewittchen nimmt den Platz ein.

Freud greift in "Das Motiv der Kästchenwahl" zahlreiche Märchen und Erzählungen auf, die mit der TRIlogie der Frau in eins gehen. Drei Kästchen aus Gold, aus Silber und aus Blei, stellt er symbolisch als Frauen dar, wobei die Wahl immer auf das Kästchen aus Blei fällt. Freuds Interpretation[10] nun aufs Schneewittchen zu übertragen, fällt leicht. Einzig Schneewittchen kann den "Wettkampf um den Schönheitspreis"[11] gewinnen. Das Mädchen ist mit ihrem gläsernen Sarg, in dem ihre Schönheit ausgestellt und objektiviert wird, im Besitz des Bleikästchens, das den (Schein-) Tod symbolisiert. Zudem sprechen andere Zeichen für das Material des Bleis: Der Apfel, dessen giftiges Stück Schneewittchen in der Kehle steckt, wird in der Schönen Helena von Aphrodite als Schönheitspreis verabreicht. Die Schöne ist in beiden Fällen stumm. In der Stummheit drückt sich die ambivalente (doppelte) Konnotation der Schönheit aus. Freuds Auslegung deutet schon darauf hin, daß die Schönen mit dem Verstummen zu belegen sind, um sie zu bewahren und zu konservieren. Das Bleikästchen enthält das Schöne, das gleichzeitig dicht verschlossen bleiben muß, um sich in der Verborgenheit zu entfalten. Mit dem Öffnen des Kästchens drohen die Gefahren der Vergänglichkeit.

Im Psyche-Mythos wird die Durchlässigkeit und Transformation zwischen Subjekt und Objekt oder Leben und Tod sichtbar, durch die zwei neidischen Schwestern markiert, vor denen Psyche (im Spiegel) die Schönheit ihres Gatten Amor verschweigt. Ihre Objektivierung vollzieht sich in diesem ZWISCHENstadium, in einer Scheinwelt, die mit der Todesdrohung verbunden ist.

Unser Schneewittchen verbirgt sich in der Zwergenwelt[12] vor den mörderischen Anschlägen ihrer Stiefmutter. Das Bleikästchen enthält gleichzeitig die Todesdrohung wie den Schutz vor dem Ableben. Mit dem Bissen von der vergifteten Apfelhälfte, der im Halse steckenbleibt, erstarrt das Spiegelbild und wird im gläsernen Sarg fixiert. Das Märchen vom Schneewittchen mit dem Öffnen des Sarges enden zu lassen, erscheint in diesem Zusammenhang gelesen, mehr als logisch. Die glühenden Metallschuhe, in denen sich die böse Stiefmutter zu Tode tanzt, vollenden den Übergang: Die Tötung, die mit einer radikalen visuellen Objektivierung (Normierung) des Körpers in eins geht, ist vollzogen. Es gibt NICHTS mehr zu erzählen.

In Daryoush Asgars "Präparat I, II, III"

wird die Leseart des Schneewittchens neu aufgerollt. Der Künstler hat seine Quetschbilder nicht nach dem Märchen vom Schneewittchen herauspräpariert. Dennoch finden sich in seiner Arbeit die stofflichen und räumlichen Bezüge wieder, die diesem Mythos entsprechen. Er rückt künstlerisch das Unsichtbare in der optischen Apparatur und den Schein des Spiegels in den Blick.

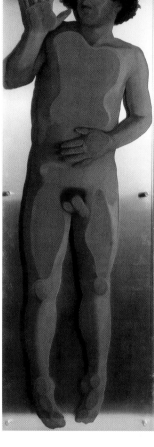

Neue Oberflächen kommen zum Vorschein, die das Unheimlichen des Märchens widerspiegeln. Asgar führt die künstliche MACH-ART der Deformation und der Norm gleichzeitig vor Augen, läßt sie ineinander übergehen und bringt die Kristallisierung des Körpers zum Zerfließen.

Eiskristall

Die immer wieder auftauchende TRIlogie in der Erzählung vom Schneewittchen geht mit einer Verdoppelung der Drei einher, die der Ausformung des Eiskristalls entspricht. In der visuellen Konservierung und Bildwerdung des Körpers wird das Fleisch eingefroren. Es handelt sich um eine künstlich herbeigeführte Totenstarre, die Modelle und Figuren optisch umsetzt und sichtbar macht.

Kristalline Körper bilden die stoffliche Basis für ein optisches Dispositiv, das ich anhand des Schneewittchen-Mythos darzustellen versuche. Bei den neuen Technologien der Bildgebung, die in der Medizin und in der bildenden Kunst Anwendung finden (Röntgen, Magnetresonanz, Computertomografie, Ultraschall usw.), tritt die Totenstarre noch zu Lebzeiten ein. Körperteile und Organe werden von Strahlen und Schallwellen unter Beschuß genommen, die höchst abstrakte Bilder hervorbringen und auf Computerscreens aufleuchten. Erstaunlicherweise kommt bei diesen Technologien dem Blei wiederum die Bedeutung zu, den Körper und seine Organe vor der schädlichen Strahleneinwirkung zu schützen. Ohne das vielzitierte "Bleikästchen" läßt sich der Körper nicht objektivieren und therapieren. Wir tauchen in künstliche "Kristallwelten" ein, die uns durchleuchten und in diesem erhellten Zustand belassen, der sich als dunkler als die ewige Nacht erweist.

Wir verweilen in den Speichern der Computernetzwerke und Apparate[13], auf Knopfdruck abrufbar und neu zu besprechen. Mit den neuen bildgebenden Technologien wird der lebendige Körper auf Eis gelegt und in abstrakte digitale Bilder übersetzt, die der Identifizierung und Übertragung der Norm dienen. Die WEISSE EXekution wird durch die digitalen optischen Apparate auf's lebendige Fleisch übertragen, das in Bits und Bytes aufgelöst vorliegt.

Die Totenstarre des zweidimensionalen Spiegelbildes löst sich in Daryoush Asgars Objekten auf, indem er die Transformation der roten Farbe des Fleisches in die weiße Durchsichtigkeit der Glasscheiben darstellt. Das Objekt materialisiert sich im Glas, der Körper ist nicht mehr vom gläsernen Objekt zu unterscheiden. Mit den Schrauben, die sich ins Glas bohren, spricht der Künstler den Aspekt der Verwundung des Körpers an, der mit der Objektivierung[14] untrennbar verbunden ist, jedoch kaum sichtbar wird. Die dunkle Metallplatte im Hintergrund fungiert als Spiegelfläche: BetrachterInnen werden ins Bild hineingespiegelt und zerfließen ihrerseits in den Quetschungen und Schattierungen der drei Kunstfiguren, die gleichzeitig der Figur des Künstlers entsprechen.

Sprünge im Spiegel bohren sich durch unsere Haut, berühren und verwunden. Optische Apparaturen und Prothesen penetrieren das Fleisch und tilgen die Körperflüssigkeiten. Mit dem Öffnen des Sarges zerspringt der Spiegel: Zum Vorschein kommt der blanke Horror in Gestalt der unschuldigen Schönheit des bereits erkalteten Schneewittchens. Die Lieblichkeit und Sanftheit seiner Gestalt bleibt unerreichbar, bezeichnet den letzten Rest der Subjektkonstitution zwischen Leben und Tod. Seine Tränen sind eiskalt und hinterlassen tiefe Kratzer auf der weißen Haut des Gesichts. Kein Tropfen Blut fließt. Schneewittchen liegt auf Eis, taucht in unseren medial hell strahlenden Alltag ein, überblendet den Horror und das Unheimliche einer märchenhaften Erzählung, die an einem surrealen Wendepunkt endet.

1 Fischer-Martin, Nora. Fischer, Gerhard (Hg.). Die Blumen des Bösen. Band II. Wien: daedalus, 1994, S. 340f. Zitat aus: 1810: Christian Ulrich Detlev Freiherr von Eggers, Reise durch Franken, Baiern, Oesterreich, Preußen und Sachsen. Leipzig, Bd. II, p. 406ff.
2 Hagens', Gunther von. Katalog zur Ausstellung: Körperwelten. Die Faszination des Echten. Heidelberg: 1999, S. 33
3 "Scheibenplastinate" sind millimeterdünne Schichten, die vom vorbehandelten und gefrorenen Präparat runtergesägt werden und in Plastik eingeschweißt, gezeigt werden.
4 vgl. HTTP://WWW.NLM.NIH.GOV/Research/ Visible/Visible_Human.HTML
5 Glenn Dowling, in: LIFE, Februar 1997, S. 44
6 Pixel: zweidimensionale Bildpunkte, die wir am Bildschirm (TV oder Computer) als Bilder wahrnehmen; Voxel: dreidimensionale Würfelchen, die wir am Screen als Räume und Körper begreifen.
7 digitus: Finger
8 siehe Abbildungen
9 Daryoush Asgar
10 vgl. hierzu Gerburg Treusch-Dieters Beitrag in diesem Band
11 Sigmund Freud: Studienausgabe. Bildende Kunst und Literatur. Band X. Frankfurt am Main: Fischer Verlag, 1994. Das Motiv der Kästchenwahl (1913). S. 186
12 vgl. hierzu die Texte von Johanna Riegler und Thomas Macho in diesem Band
13 vgl. den Beitrag von Christina von Braun in diesem Band
14 vgl. schönheitschirurgische Eingriffe

MARTIN BURCKHARDT
DIE GOLDENE SCHRIFT AUF DEM GLÄSERNEN SARG

Am 7. Juni 1954, einem Pfingstmontag, nahm sich Alan Matheson Turing das Leben. Zu diesem Anlaß hatte er einen Apfel mit Zyanid präpariert und hineingebissen. Als man ihn fand, hatte er Schaum vor dem Mund. Ich bin nicht tot, sagt der Tote. Der Tod ist ein Märchen für Kinder. Und außerdem, ich bin's nicht gewesen, das war meine Mutter. Schwer zu sagen, was ihm vorschwebte. Vielleicht hatte er gedacht, daß man ihn in einen gläsernen Sarg legen, daß ein Prinz vorbeikommen und die goldenen Lettern mit seinem Namenszug lesen würde - Alan Matheson Turing. Logiker, Kryptoanalytiker, Erfinder der Turing-Maschine. Kannst du fühlen, was ich denke?, hatte er Albert gefragt. Aber der war kein Prinz, bloß ein Stricher gewesen. Nein, niemand hatte gefühlt, was er dachte. Man hatte ihm die Sache mit Albert verübelt und ihn wegen grober Sittenlosigkeit vor Gericht gezerrt, hatte ihn schließlich im Namen der Königin dazu verurteilt, sich einer Hormonkur zu unterziehen, so daß ihm Brüste gewachsen waren und es mit seiner Potenz aus war. Und dann hatte er diesen Apfel gegessen. Wie es sich gehörte, waren die Forscher gekommen und hatten die Turing-Maschine bestaunt und ihre unermeßliche Schönheit. Ist es nicht so, daß es ein Leben gibt in der Maschine, eine künstliche Intelligenz?

Spuckt sie's nicht aus, immer wieder? Was einen doppelten Verdacht nahelegt: daß der Computer ein gläserner Sarg und die Geschichte des Schneewittchens das Märchen des Zeichentricks ist: der symbolische Tod, das symbolische Leben.

Es war einmal mitten im Winter, und die Schneeflocken fielen wie Federn vom Himmel herab, da saß eine Königin am Fenster, das einen Rahmen von schwarzem Ebenholz hatte, und nähte. Wie man weiß, sticht sich die Königin beim Nähen in den Finger (den man lateinisch ja auch digitus nennt, und digitalis, den Fingerhut) – und da fallen drei Blutstropfen in den Schnee. Mit dem Anblick des roten Blutes auf dem weißen Schnee (den die Königin liest wie ein Vorzeichen) artikuliert sich der Wunsch nach einem Kind.

Der Wunsch, das ist bemerkenswert, entsteht aus einer Verletzung, einem Stich, der durch das Gewebe (den Text) hindurchgeht – und er artikuliert sich in Form einer Ästhetisierung. Weil das Rote im Schnee so schön aussah, dachte sie bei sich: „Hätt' ich ein Kind so weiß wie Schnee, so rot wie Blut und so schwarz wie das Holz an diesem Rahmen." Und genau an dieser

Stelle kommen die drei Farben, diese drei reinen Qualitäten ins Spiel: so weiß, so rot und so schwarz. Diese drei Qualitäten lösen sich (wie frei flottierende Zeichen) von diesem Augenblick ab und setzen sich in Form des Kinderwunschs neu zusammen – das man aus diesem Grund auch ein synthetisches Kind, ein Wunderkind nennen könnte.

Kurz und gut: Die Königin bekommt das Wunsch- und Wunderkind, das sie begehrt (auf eine mirakulöse Art und Weise, die an andere Jungfrauengeburten denken läßt), aber sie muß dafür bezahlen, und zwar mit dem eigenen Leben. Was uns der Text in einem einzigen, höchst lakonischen Satz erzählt: Und wie das Kind geboren war, starb die Königin. Von nun an taucht sie im Text nicht mehr auf. Dieser Satz hat die Struktur eines Tausches. Was tauscht sich aus? Man könnte sagen, Leben wird für ein anderes gegeben. Das Schneewittchen schuldet seiner toten Mutter das Leben. Freilich hat das Märchen keinen Platz für Psychologie und die Seelenabgründe des Familienromans. Tatsächlich schreibt dieser Tausch nur die wundersame Verwandlung von Leid in Schönheit ins Extrem. Weil das Wunderkind das ganz Andere verkörpert, muß das Diesseits verschwinden. Und so wird der Stich der Nadel zum Todeszeichen: führt die Digitalisierung dazu, daß „Mutter Natur" verschwinden muß.

Schon in dieser kurzen Anfangspassage des Märchens geht es um die Frage des symbolischen Todes. Oder besser gesagt: es geht um das, was sich auch in der Selbstmordhandlung Alan Turings spiegelt, um den Wunsch nach einem anderen Leben. Es verschlägt nun nicht viel, wie man dies nennt: ob Schönheit, Ideal oder Zeichen. Der Wunsch, so heißt es treffenderweise, ist der Vater des Gedankens. Was man auch so übersetzen kann, daß es da keinen wirklichen Vater mehr braucht, denn wir bewegen uns schon im Reich der Zeichen, der Wünsche und des Phantasmas – im Reich der künstlichen Reproduktion. In diesem Sinn, als Projektion, ist das Schneewittchen selbst eine Art Spiegel, und damit das geheime Gegenstück zu jenem wunderbaren Spiegel, von dem gleich die Rede sein wird. Schneewittchen jedoch, weißer als weiß, ist ein Spiegel, der seine Wahrheit verbirgt (daß es lebt, weil seine Mutter ihr Leben gegeben hat) – wie Schnee, der sich über die dunkle Erde legt und ihren Anblick verdeckt. Das, was die Psychoanalyse eine Deckerinnerung nennt. Vielleicht deshalb das Doppeltgemoppelte des Namens (das den inneren Zwiespalt doch nur überblendet): „Schnee", so sagt der Logiker Tarski, „ist dann und nur dann weiß, wenn Schnee weiß ist". Was keine Sottise, sondern moderne Logik ist, die semantische Wahrheitsdefinition. Freilich kümmert sich das Märchen nicht weiter um Logik, sondern bringt sogleich ihren Widerspruch ins Spiel, die böse Stiefmutter nämlich, von der es heißt, daß sie stolz und hochmütig ist und einen wunderbaren Spiegel besitzt. Dieser Spiegel hat die löbliche Eigenschaft, daß er die Wahrheit sagt, wenn man ihn fragt – womit man ihn auch einen „Wahrheitsspiegel" nennen könnte. Das aber heißt, daß niemand mehr (auch die böse Stiefmutter nicht, die noch die Schönheit für sich reklamiert) die Wahrheit verkörpert, noch im Besitz der Wahrheit sein kann. Denn die Wahrheit steckt im Innern des Spiegels. Übersetzt man dies, so entdeckt man eine symbolische Ordnung, die in Hinsicht auf die Menschen etwas Autonomes darzustellen scheint – eine Technik also.

Genau dieser Technik ist die Königin unterworfen, wenn sie ihren Spiegel befragt. Ihr Selbst ist in diesem Sinn bereits eine Konstruktion, und es ist objektiviert in dem Sinn, daß nicht sie selbst, sondern der Spiegel darüber befindet. Die böse Stiefmutter steckt somit in einem symbolischen Korsett - und wenn Hochmut und Stolz als ihre Attribute gelten, so sind sie (als freischwebende Konstruktionen) die andere Seite einer beständigen Drohung. Daß nämlich der Spiegel, anstatt ihr zu soufflieren, ihr eines Tages widersprechen könnte. War die Todesdrohung im Falle der „natürlichen Mutter" etwas, das ihr von außen zustieß, so hat sie sich nunmehr in den Spiegel gesetzt. Fortan besteht sie darin, daß die böse Stiefmutter, eines schönen Tages, ihre Schönheit und das heißt, ihr Gesicht verlieren könnte. Also

beginnt man, um sich selbst zu beschwichtigen, mit dem Tod, dem eigenen Double zu reden.

Es ist evident, daß die Abfolge der beiden Königinnen einen Ebenensprung darstellt. Hat die Königin in einer Welt gelebt, in der das Wünschen noch geholfen hat, so hat die böse Stiefmutter es mit der Wahrheit zu tun, lebt sie bereits in einer entzauberten Welt. Versucht man diesen Übergang zu beschreiben, gerät man unweigerlich in eine Sprache, wie sie an jenen historischen Übergangszonen ins Spiel kommt, wo derlei sich bemerkbar macht. Man könnte (in der Sprache eines Leonardo da Vinci etwa) von einem Übergang von der ersten zur zweiten Natur sprechen.

Gewiß liegt hier ein Riß zwischen den Generationen, eine kulturelle Zäsur. Aber dies nur negativ zu sehen, ist irrig, bedeutet der Wahrheitsspiegel (wie das Alphabet) doch zweifellos ein kulturelles Surplus. So bös' die Stiefmutter auch sein mag, ist sie doch vor allem die Erbin jenes unausweichlichen Widerspruchs, der sich bereits in dem Wunsch nach dem Kind artikuliert, das aus reinen, abstrakten Qualitäten synthetisiert hervorgeht.

Und wie das Kind geboren war, starb die Königin. Dort, wo der Wunsch der Vater des Gedankens ist, hat Mutter Natur ihre Einheit verloren. Tatsächlich -und dies erklärt vielleicht den Zauber, den das Märchen noch immer ausübt - schreibt sich der Digitalisierungs–Konflikt in die Gegenwart fort. Denn überall dort, wo man die „Natur" des Menschen reklamiert, müßte man strenggenommen auf jene Ordnung verweisen, deren Kennzeichen das Symbol oder um es noch drastischer zu sagen, die Maschine ist. Denn an der Maschine hängt die Idee der Freiheit, die Idee der Analyse, die Idee der Kultur -und es wäre sehr viel angemessener, wenn wir uns in Hinsicht auf das Tier nicht als Natur–, sondern als Maschinenwesen oder als phall[i]sche Mütter begreifen.

Freilich, der philosophische Taschenspielertrick namens Natur ist allgegenwärtig und feiert in allen erdenklichen Weisen Urständ. Wenn man schreibt, daß der Mensch ein werkzeugmachendes Tier sei, so hat man in dieser Formulierung weniger eine Aussage über den Menschen, als vielmehr eine Natur der Sache versteckt. Diese Natur wird zu allerlei höchst unpassenden Gelegenheiten herausgerückt. Da wird eine Naturgesetzlichkeit behauptet, wo es

um etwas ganz anderes geht. Denn es liegt keineswegs in der Natur des Menschen, daß er Bilder malt, dehydrierte Sojabohnen verspeist oder Programmbögen von DNS–Ketten beim amerikanischen Patentschutzamt anmeldet. Es ist evident, daß von „Natur" zu reden nur auf einen faulen Zauber hinauslaufen kann: Haben wir das Kaninchen, das wir hier aus unserm Zylinder zaubern, doch vorher selbst hineingesteckt. Das, was wir als Natur mißverstehen (ein geschichtliches Korsett, in dem wir uns ganz frei und natürlich fühlen) entspricht ziemlich genau dem, was die böse Stiefmutter in ihrem wunderbaren Spiegel vor sich hat.

Nun ließe sich einwenden, daß wir nicht wissen, worin die Natur des Menschen besteht, aber daß wir über die gründliche Beobachtung und Messung einiges über dieselbe aussagen können. Auch diese sogenannte „Natur" ist nur ein Konstrukt, eine Maschine im Großen. Nehmen wir nur das Beispiel, das der Wissenschaftsphilosoph Stephen Toulmin gibt. Man stelle sich einen Ichthyologen vor, also einen Fischkundler, der ein bestimmtes und ziemlich grobmaschiges Netz mit sich führt. Er wird nun, geleitet von den Ergebnissen, die sein Fischfang mit sich bringt, zu allerlei Behauptungen über die Fischwelt gelangen, aber seine Theorie wird immer darauf zurückzuführen sein, daß er sich dieses bestimmten grobmaschigen Netzes bedient. In diesem Sinn geht die Verfertigung des Netzes aller Theorie voraus. Oder anders gesagt: Die Theorie ist – in Form dieses Netzes – schon ausgelegt, bevor sie eingeholt, gelesen und gedeutet werden kann. Das, was wir Natur zu nennen belieben, ist immer eine Theorie der Natur, es ist die Technik ihrer Befragung. Wissenschaft verfährt auf die nämliche Weise wie auch unsere Märchenkönigin, wenn sie ihren Wahrheitsspiegel befragt.

Der große Vorzug jedoch, den das Märchenbild gegenüber der Wissenschaftstheorie hat, besteht darin, daß es von den Energien erzählt, die diesem Blick zugrunde liegen. Es erzählt davon, daß das Symbol begehrenswert ist, weil es ein Symbol des Selbstbildes ist, das hier mit dem Begriff der Schönheit ausgedrückt wird. Ja, es ist genau dieses Begehren nach dem Besitz des symbolischen Korsetts, welches die Grundlage für das Drama markiert, das sich im Märchen entspinnt. Betrachten wir das Verhältnis, in dem die beiden Hauptfiguren, das Schneewittchen und ihre böse Stiefmutter, zueinander stehen. Zunächst einmal ist es charakterisiert dadurch, daß hier keine natürliche Verwandtschaft vorliegt. Auf der Ebene dieser Nicht–Beziehung jedoch, die zugleich markiert, daß es hier um eine andere, nämlich symbolische Verwandtschaft geht, gibt es eine Symmetrie: Schneewittchen ist schön – und sie wird der Königin auf diesem symbolischen Terrain das Feld streitig machen. In diesem Sinn nimmt es die Rolle des leibhaften Widerspruchs ein. Es zeigt sich erneut, daß seine Natur die Projektion eines Spiegelkinds ist. Schneewittchen ist nicht unschuldige Natur, sondern ihre Metapher, ihre Übersetzung in ein Feld, das man meta–physisch nennen kann: unschuldige Logik. Der grundlegende Unterschied zwischen den beiden Damen besteht also darin, daß die eine schon aus der Form geht (und zwar wissenderweise), während die andere die bewußt- und ahnungslose Trägerin dieser Form ist. Dieser Konflikt entzündet sich freilich erst in dem Augenblick, als der Spiegel der Stiefmutter das Zeichen der Schönheit verwehrt – und dazu heißt es im Märchen: Da kehrte sich ihr das Herz im Leibe herum und der Neid und der Hochmut wuchsen wie ein Unkraut in ihrem Herzen, daß sie Tag und Nacht keine Ruhe mehr hatte. „Wie ein Unkraut in ihrem Herzen" – das ist eine schöne, poetische Beschreibung, wird hier doch, im Bild der wildwuchernden, phantasmatischen Widernatur, von jenem Ab-Fall erzählt, der mit der Dezentrierung des Menschen, mit dem Besitz seines Wahrheitsspiegels verbunden ist. Tatsächlich zeigt der Spiegel, daß seine Ordnung eine unerreichbare ist. Folglich wandelt sich der Stolz auf die Schönheit (die doch nur eine geliehene ist) zu wildwucherndem Neid. Denn diese Mutter vermag, kinderlos, wie sie ist, ihre Liebe niemandem mehr zu übertragen. Das Spiegelbild, ihre narzißtische Imago, an die sie es zu übertragen gehofft hatte, weist sie zurück. Hier liegt der De–Naturierungs–Konflikt, der uns Heutige in allerlei Maskierungen heimsucht. Daß wir herausgefallen sind aus der Natur, daß unsere Losung nur lauten kann: Oh Wildnis, oh Schutz vor ihr!

So ist es durchaus bezeichnend, daß die böse Stiefmutter das Schneewittchen in den Wald hinausführen läßt – wo sie von dem Jäger (den man sich als eine Art Männlichkeitsprothese vorstellen kann) niedergemacht werden soll. Der Wald – das ist nun nicht mehr Natur, sondern eine Chiffre des Innern, also jenes Unkrauts, das im Herzen der bösen Stiefmutter wuchert. Weil die der Schönheit zum Opfer gebrachte Natur sich selbst nicht erträgt, verlegt sie das Geschehen nach außen: Bring das Kind in den Wald, ich will's nicht mehr vor meinen Augen sehen. Da die Gewalt im Projektions – und Übertragungsmechanismus eine indirekte Form angenommen hat, verlangt die böse Stiefmutter vom Jäger, als Beweis dafür, daß dieser seine blutige Arbeit ausgeführt hat, Lunge und Leber zum Wahrzeichen. So wie die eigene Schönheit nur über die Versicherung des Wahrheitsspiegels faßbar

ist, so ist auch der Tod der Nebenbuhlerin nur über ein Wahrzeichen erlebbar. An dieser Stelle erleben wir abermals einen höchst sonderbaren Tausch. Denn der Jäger bringt die Innereien eines jungen Frischlings herbei, was aber keinen Unterschied macht. Der Koch mußte sie in Salz kochen und das boshafte Weib aß sie auf und meinte, sie hätte Schneewittchens Lunge und Leber gegessen. Die Perversion dieses Aktes (der in der Art der cuisine ein besonderes Raffinement erfährt) liegt darin, daß dieses Wahrzeichen seine Wirkung tut, selbst dort, wo es sich um einen Ersatz handelt. Tatsächlich sind die Stofflichkeit von Lunge und Leber ganz unerheblich, besteht der Genuß der Königin doch darin, daß sie sich mit diesem Wahrzeichen das Zeichen der Schönheit einzuverleiben glaubt. Folglich nimmt sie mit den Innereien ein Symbol zu sich. Läßt sich ein größerer Gegensatz zur Welt der reinen, weltentrückten Symbole vorstellen als dies: die phallsche Mutter, die (im Hunger nach ihrem Gesicht) ihr Selbstbild in sich hineinschlingt?

Wie geht es nun weiter im Text? Zunächst gibt es einen perspektivischen Switch, denn die Geschichte (und der Konflikt) überträgt sich nun auf das Schneewittchen. Aber Schneewittchen, Wunderkind und Deckerinnerung zugleich, weiß nichts von seiner Herkunft, weiß nichts vom Wahrheitsspiegel, weiß nur, daß es unter einer allumfassenden Drohung steht.

War das Leben zuvor eine (gleichsam weihnachtliche) Bescherung, so wird es nun zu einer allumfassenden Drohung. Nun war das Kind im großen Wald mutterseelenallein und es ward ihm so angst, daß es alle Blätter an den Bäumen ansah. Dort, wo die Drohung keinen Namen mehr hat und keine Gestalt, wird sie formlos, ubiquitär, da sieht man den Wald vor lauter Blättern nicht. In dieser umfassenden Angst spiegelt sich nicht die Natur – denn das Märchen erzählt, daß die wilden Tiere an dem Schneewittchen vorübergehen, ohne ihm etwas zuleide zu tun –, sondern was sich hier in die Außenwelt einschreibt, ist Weltangst, das Unkraut im Herzen der Stiefmutter. Und mit dieser Kulturdrohung (die besagt, daß nur der Mensch des Menschen Wolf ist) betreten wir jene schöne, lustige Zwergenwelt, deren Kennzeichen der Diminutiv ist: all die Tellerchen, und Löffelchen und Becherchen. Man könnte die Zwerge auch Apparatschiks nennen: die Ordnung (und der Schrecken dieser Ordnung) ist bei ihnen serialisiert. Was ein wesentliches Charakteristikum unserer Kultur ist: daß es ziemlich schwer ist, zuzuschauen, wie einem Huhn auf einer Theaterbühne der Hals umgedreht wird, während man sich andererseits mit Leichtigkeit aus der seriellen Logik der Tierproduktion speisen kann (die aus diesem Grund vorgibt, nicht seriell, sondern nach Gutsherrenart zu verfahren). Zweifellos besteht der große Vorzug der Serienproduktion darin, daß sie im Gesetz der Serie das Vergessen instituiert und das ursprüngliche Crimen aus dem Blick geraten läßt.

Mit den Zwergen und ihrer reinlichen Ordnung kommen zwei neue Elemente ins Spiel: die Überwindung des Geschlechts und die Arbeit. Wobei diese beiden Elemente ein zusammenhängendes Projekt darstellen: das der synthetischen Reproduktion. Wie uns die Etymologie lehrt, haben die Zwerge kein Geschlecht, sondern sind ungeschlechtliche Wesen, Ding–Wesen, Sachwalter. Es ist nun kein Zufall, daß diese Zwerge Bergleute sind – was in eine mythische Zeit zurückverweist, in die Welt der Korybanten, Daktylen, Priesterschmiede, in die Welt der metallurgischen Kulte. In den alten Naturreligionen ist die Erde eine Mutter. Die Metalle, die in ihrem Schoß lagern, sind so etwas wie Föten – und so ist der naheliegende (und in der Alchimie fortwirkende) Gedanke, daß die Metalle, die im Innern der Erde liegen, natürlicherweise wachsen und reifen, weswegen sie irgendwann zu Kindern (das heißt: zu Gold) werden müssen. Was machen nun die Bergleute? Sie dringen in diesen Mutterschoß ein und entnehmen ihm, vorzeitigerweise, den Fötus. Das heißt: sie bringen sich auf naturwidrige Art und Weise in den Besitz des Metalls, das sie mit Feuer beschießen (Zeit-oder Reifungsbeschleunigungsmaschine). Es fügt sich nun genau in diese Logik, daß Schneewittchen, das synthetische

Kind, in die Welt der Zwerge gerät. Sind sie doch die Erfüllungsgehilfen jenes Traums, den die Königin träumt. Eine vulgärpsychoanalytische Deutung würde diese Lesart nur dazu benutzen, um ihren Phallus herauszustrecken - indes ist der Zusammenhang doch ein bißchen komplizierter. Von einem phallischen Prinzip zu reden und damit den Mann als solchen zu meinen, geht an der Sache vorbei. Besteht das Dilemma der Zwerge darin, daß sie sich ins Glied zurückstellen, das nicht mehr ihr eigenes ist – womit man (wenn man das Phallische herbeizitieren will) tatsächlich in einer Entmannungs – oder Verwichtelungsordnung angelangt ist. Diese Zwerge sind also höchst paradoxe Wesen – und vielleicht ist ihnen jener Ausdruck, mit dem Günter Anders die moderne Technik charakterisiert hat, noch am ehesten auf den Leib geschrieben: die prometheische Scham. Was wiederum den Helden der Technik in einem neuen Licht erscheinen läßt: Prometheus – der Gott aller Zwerge. Allerdings, so neu ist dies nicht. Wenn das griechische „mechan" (dem sich unsere Mechanik verdankt) ursprünglich als Täuschung und „Betrug an der Natur" aufgefaßt wird, so stellt dies einen präzisen Reflex auf das Zwergen(un)wesen dar, das sich an der Muttererde vergeht.

Man könnte die Zwergenwelt, in die Schneewittchen hineingerät, als einen blinden Wahrheitsspiegel auffassen: eine sterilisierte, sozialisierte, ausgenüchterte Ordnung. Die Schrumpfung läßt sich bei allen großen technischen Entwicklungen beobachten: Es ist der Übergang von der heroischen (oder traumatischen) Phase zur Verwaltung, ihrer Einbettung in die Gesellschaftsmaschine. Die Technik ist nicht mehr Selbstversuch (wie etwa in der Bestrahlung eines Röntgen), sondern sie wird allgemein, seriell, in Dosen verpackt. In dieser Technik kann sich niemand mehr selbst wiedererkennen. Insofern sie sich auf alle überträgt, wird ihr Preis nicht mehr fühlbar. Dennoch ist unterschwellig fühlbar, daß der Verwichtelungsordnung ein Entmannungsprinzip innewohnt, und deswegen erregt die Schönheit des Schneewittchen die Bewunderung der Zwerge. Gleichzeitig ist das Ideal das Loch im System – denn die Schönheit des Schneewittchens ruft unweigerlich die böse Stiefmutter auf den Plan. Aus dieser Sicht wird der Konflikt interessant, der sich nun um das Schneewittchen entspannt – und der läuft zwischen der phallschen Mutter und den Zwergen, die schon auf der Seite der Technik, also des Ungeschlechtlichen stehen (und die wir deshalb dem Geschlecht der Geräte – wie Platon das genannt hat -zuordnen müßten). Die phallsche Mutter reklamiert die symbolische Ordnung ganz für sich. Sie verweigert sich der Neutralisierung, die im Vektor der technischen Ratio liegt. Es ist kein Zufall, daß zur Ratio auch die Ration gehört: Wir packen unsere Vernunft in kleine Konserven und teilen sie mit anderen –

eine Art der Gemeinschaftsverpflegung, die zwar bei den sieben Zwergen die Regel, nicht aber im Horizont unserer Königin liegt.

So sind die Attacken, die die phallsche Mutter in allerlei verschiedenen Maskierungen auf das Schneewittchen unternimmt, Versuche, die symbolische Ordnung für sich zu reklamieren. Es ist dabei kein Zufall, daß hier die Münze ins Spiel kommt, mit ihr Kauf und Verkauf, Betrug und Maskierung. Zudem wird evident, daß wir in dieser Situation zwischen Marketenderin und Kundin, die sich über ein Schönheitsmittelchen einigen, bereits ein ziemlich hohes Abstraktionsniveau erreicht haben. Gleichwohl, und das ist wesentlich, schreibt sich die Abstraktion auf den Leib. Das beginnt mit dem Akt des Zusammenschnürens. Da wird das Schneewittchen in ein paar schöne Schnüre gesteckt – womit die Deutung des symbolischen Korsetts augenfällig wird: Es wird zugeschnürt. Bei der zweiten Attacke (dem vergifteten Kamm) wagt sich das Schneewittchen kaum aus dem Haus. Die Alte lockt es heraus, in dem sie sagt „Das Ansehen wird dir wohl erlaubt sein". Wieder erfüllt das Schönheitsmittelchen seinen bösen Zweck. Die dritte Attacke nun ist der vergiftete Apfel, der so präpariert ist, daß nur eine Seite den Tod bringen soll. Zweifellos spielt das Echo des alten, christlich eingefärbten Bildes vom Sündenfall mit hinein. Nur daß es hier nicht mehr um den Apfel geht, den man vom Baum der Erkenntnis sti-

bitzt, sondern um die menschliche Mitgift, darum also, wie die Alte ihn präpariert hat. Der Apfel, der das Schneewittchen in diesen todähnlichen Schlaf versetzt, war so künstlich gemacht, daß allein die rote Backe vergiftet war. Wir haben es hier mit einer präparierten, technischen Erkenntnis zu tun (und die hat zwei Seiten, eine, die man verdauen kann, eine andere, die tödlich ist).

Im Bild des Apfels findet die Spaltung des Schneewittchen zu einem Bild, das als ziemlich präzise Metapher für die Technik überhaupt scheint – besser jedenfalls als das zweischneidige Schwert oder die Janusköpfigkeit. Damit steuern wir, am Ende der Geschichte angelangt, auf die Frage des Anfangs zurück: auf die Frage, was es mit der goldenen Schrift auf dem gläsernen Sarg auf sich hat und was wohl Alan Turing bewogen haben mag, sich selbst einen vergifteten Apfel zuzuführen.

Hören wir, was die Zwerge dazu zu sagen haben: Da wollten sie es begraben, aber es sah noch so frisch aus - wie ein lebender Mensch, hatte noch seine schönen roten Backen. Sie sprachen: „Das können wir nicht in die schwarze Erde versenken – und dann lassen sie einen durchsichtigen Sarg von Glas machen, daß man es von allen Seiten sehen konnte, legten es hinein und schrieben mit goldenen Buchstaben seinen Namen darauf und daß es eine Königstochter wäre." Um dieses Bild geht es. Zweifellos haben wir es hier mit einer Art Todesverleugnung zu tun, eine Art Metaphysik setzt sich an die Stelle des Todes. Tatsächlich fügt sich das Wunderkind dieser Logik, denn Schneewittchen lag eine lange, lange Zeit in dem Sarg und verweste nicht. In diesem Bild lassen sich mehrere Stufen beobachten: da ist zunächst einmal der Leib des Schneewittchens, dann ist der gläserne Sarg, in dem es aufgebahrt liegt, darauf die goldene Schrift, deren Lettern die Botschaft der Geschichte ergeben, also den Namen des Schneewittchens. Denkt man sich dies als eine Reihenfolge, so hat man in einem einzigen Bild den Prozeß der Metaphorisierung – der Zeichenwerdung – vor sich.

Dieses Zeichen fällt nicht vom Himmel, sondern hat eine leibliche Herkunft, löst sich vom Leib ab und kulminiert im Bild des verewigten, eingefrorenen Ideals. Genau das ist der Höhepunkt, auf den die Geschichte zusteuert, die Widerspruchslosigkeit und Makellosigkeit dieses Bildes, das nichts mehr als ein Name ist, eine Metapher. Dieser Metapher begegnet der Prinz und verfällt sogleich in unsterbliche Liebe. Gerade dadurch, daß dieser Körper wie tot daliegt, vermag man ihn in aller Ruhe anzuschauen, vermag sich das Eigene ins Andere zu projizieren. In diesem Sinn fungiert die schöne Leiche wie der Wahrheitsspiegel, nur hat sie den Vorzug, daß man nicht der eigenen Wahrheit ins Gesicht schauen muß, sondern mit dem Begehren nach dem Anderen vorliebnehmen kann. Dieses Begehren ist nicht mehr auf einen sterblichen Leib, sondern auf ein ewiges unverwesliches goldenes Zeichen gerichtet. Und in diesem Sinn ist, mehr als der Leichnam, die goldene Schrift auf dem gläsernen Sarg das eigentliche Objekt der Begierde. Denn das Zeichen entbindet den Zeichentrick, die Idee der Reanimation – daß dem Sarg ein künstliches, neues, vor allem aber ein ewiges Leben entsteigen könne.

Und ist es nicht genau das, was uns vom Phantasma des Alan Turing geblieben ist, die Turing – Maschine? Bedenkt man, daß das griechische Wort sema (das uns vertraut ist aus seinen Derivaten Semiotik, Semantik, Semiologie) zu übersetzen ist als „Zeichen, Siegel, Grab und Gewand", dann markiert dieser vierfache Sinn den Zusammenhang, der uns in diesem Bild anrührt. Das Zeichen, so könnte man sagen, ist verschwistert mit dem Tod. Es ist, was den Körper überdauert, was über sein leibliches Sein hinausgeht, und in diesem Sinn ist es immer schon meta – physisch. Hier liegt die Energie dieses Märchens, das uns in Gestalt des Schneewittchens (das seinerseits das Pendant des Wahrheitsspiegels ist) erleben läßt, was es bedeutet, wenn etwas zum Zeichen gerinnt. Der aufgebahrte, ewige Körper, dessen Signatur ist, daß er verzeichnet ist, führt uns in die Welt der Museen, der Bibliotheken, der Konservatorien – wo immer wir unser Wissen von der Welt aufgebahrt haben.

An diesem Ort, aufgebahrt im gläsernen Sarg, gewinnt der Name Schneewittchen Sinn. Schneewittchen – sprich: Schneeweißchen –, dahinter verbirgt sich das Bild der Jungfrau, jener Natur, die sich dadurch auszeichnet, daß sie sich der Natur entzieht. Vor diesem Hintergrund gewinnt der Gedanke von der Jungfräulichkeit des Zeichens und der reinen Vernunft Sinn. Es ist die Verheißung des alles überdauernden Wissens,

Hier wird die Dialektik des Wissensdurstes sichtbar: das Objekt meines Wissenshungers wird vernichtet, um den Schmetterling zu klassifizieren, ist er mit einem präzisen Stich aufzuspießen.

des Wissens, das sich immer wieder ausleert, das zur Weiße des Papiers wird, in das sich die Schrift einzeichnet – immer neu.

ELISABETH VON SAMSONOW
IM GELIEBTSEIN ERSTARRT

Zur Logik der Idolatrie zwischen Wundermumien, Knochen-, Reliquienkult und Fotografie

Stendhal schreibt in seinem Buch „Über die Liebe", der Vorgang des Sich-Verliebens sei einer Kristallisation vergleichbar. Er deutet dieses eigentümliche Verklären, Erleuchten, Verschönern und Verherrlichen, in dem der Liebende das Geliebte zur Ikone aufstuft, mit Hilfe eines Vorgangs, in dessen Verlauf ein in einen Salzbergwerkstollen gelegter Tannenzweig wunderlich viele kleine Kristalle ansetzt und zu glitzern beginnt[1]. Es gehe in der Verliebtheit um diesen Prozeß der Umhüllung des objet du désir mit dem funkelnden Lichtspiel der prismatisch auf es hin sich konzentrierenden Gebilde, die es sowohl in seiner Bedeutung hervorheben als auch entrücken, es in einem durchsichtigen Medium gleichsam arretieren oder gefangen setzen. Die Kristallisation, das Vergläsern – auch das in Plexiglas Einschließen – oder Einfrieren von Dingen oder gewissen Subjekten veranschaulicht in erster Linie eine Affektion des Blickes, eine Modifikation der Sicht, die an dem Begehrten kondensiert. Diese Kondensation bringt das kristalline Gehäuse hervor, den gläsernen Schrein.

„Die erste Kristallbildung beginnt … Das heißt, man übertreibt sich selbst den Wert eines köstlichen, unbekannten Geschenks, das vom Himmel herabgefallen ist und das man als sicheres Eigentum betrachtet. Was geht binnen vierundzwanzig Stunden im Kopf eines Liebenden vor?"[2]

Es ist übrigens durchaus eine Art von Bedeutungssteigerung von intendierten Gegenständen vermittels ihres Einschlusses in undurchsichtige Gefäße denkbar, etwa in Tresore, Sarkophage oder Krypten. Der jüngere Sammelbegriff für diese Klasse von Behältern lautet black box. Stendhal betont, daß das Kristallisieren „über Nacht" stattfinde, dann, wenn das Bewußtsein schläft, wenn das, was geschieht, nicht oder anders wahrgenommen wird. Im Verborgenen reift das Ding zu seiner Unwiderstehlichkeit heran. Wichtige Dinge befinden sich in jedem Fall außer Reichweite, und zwar in einer Entrückung entweder durch eine undurchdringliche Nacht oder – das ist dann eine kategoriale Verschiebung des Entrückungsmediums – durch eine transparente Wand. „Kristallbildung nenne ich die Tätigkeit des Geistes, der bei jedem Ablaß neue Vorzüge an der Geliebten entdeckt."[3]
Während erstere Variante – die

57

undurchdringliche Nacht – die Unzugänglichkeit des „Ding an sich" zugibt und affirmiert, es als Geheimnis vorstellt und mit den Mitteln des totalen Entzugs markiert, macht die zweite Variante – der transparente Schrein – ein späteres Stadium aus, nämlich das einer fortgeschrittenen, gleichwohl aber unbewußt sich bahnenden Reflexivität des begehrenden Blickes.

Daß sich die Reifung des Objekts zu einem anbetungswürdigen in diesen beschriebenen zwei Phasen zuträgt, wird in einer der sogenannten „Kalendergeschichten" von J.P.Hebel[4] besonders deutlich, in der er die Geschichte einer Braut erzählt, deren Bräutigam am Vorabend des Hochzeitstages nicht wieder aus einem Bergwerk – wieder ist es die große Krypta im Inneren der Erde, die zum Hauptort der Kristallisation erklärt wird – zurückkehrt. Sie, die zu ihm „mit holdem Lächeln" gesagt hatte: „du bist mein einziges und alles, und ohne dich möchte ich lieber im Grab sein als an einem anderen Ort"[5], richtet sich mit dem „eingefrorenen" Bildnis des Geliebten ein und lebt ihr Leben bis ins hohe Alter, bis plötzlich durch eine Erdbewegung der verschüttete Stollen wieder freigibt, was er einst in Besitz genommen hatte: den unversehrten Leichnam des jugendlichen Bräutigams. Man bringt denselben an seinen ursprünglich für ihn bestimmten Ort, in das Haus seiner gealterten Braut und stellt ihn ihr hin wie ein aus dem geheimen Raum einer liebenden Seele emergiertes Phantom-

bild, das den Moment einer entscheidenden Passion konserviert hat. Die Alte betrachtet ihren jugendlichen Liebhaber – die „geliebte Leiche"[6] – und legt ihren Schleier an, den sie ebenso konserviert hat wie sein Gedächtnis, seine Imago. Die Hebelsche Geschichte berichtet von einem Vorgang in der sich liebend bindenden Seele auf der Ereignisebene, und genau dieser Transfer macht sie kalendergeeignet und exemplarisch.

Das im Augenblick der Hochzeit – kurz vor dem entscheidenden Moment – arretierte und als geliebtes petrifizierte Inbild des Bräutigams wird als das wahre Bild aufgedeckt, das veron ikon, das in der Tat keiner Veränderung mehr fähig ist, das in einem Kristallisationsprozeß angehalten worden ist, damit in ihm die höchste Verehrung kulminieren kann. Bilder der Verehrung sind erstarrte Projektionen der anima oder des animus, ja sie sind totenstarr, insofern sie das lebendige Werden und Sichverändern des Geliebten überformen und zum Stocken bringen[7]. Diese Hemmung des Lebens im Moment seiner bedeutendsten Äußerung begünstigt den Zufluß von Kälte, in deren weißen Licht das Geliebte sich als das immerfort Selbe betrachten läßt: Das in Hebels Geschichte geschilderte Mißverhältnis zwischen geronnener oder gefrorener idealer Imago der Veneration und dem alternden, sich modifizierenden Anbeter ist Bedingung oder Ursache des unausweichlichen Scheiterns einer Liebesbeziehung[8],

ihrer Unlebbarkeit[9]. Zugleich setzt es eine eigentümliche hypostasierende Tätigkeit in Gang, die nun für die und anstatt der Liebesbeziehung gehegt und gepflegt wird. Liebe wird zur Idola-trie; und sobald sie sich in die Idolatrie verkehrt und gewissermaßen die Eigenbewegung des Angebeteten zum Stillstand gebracht hat, ist sie immer nur die ganz unmögliche Beziehung, das unsymmetrische Verhältnis zum Idol. Zu jedem angebeteten Prinz oder zu jeder angebeteten Prinzessin, die sich ein und für allemale als jugendliche Heroen ins Zentrum einer Fangemeinde haben setzen lassen, gehört meistens die Historie vom geheimen Unglück in Liebesdingen ebenso wie der zu frühe und tragische Tod: beides steht für eine tiefsitzende und hartnäckige Jüngferlichkeit dem Leben gegenüber.

Die in diesem Jahrhundert verunglückten Prinzessinnen beispielsweise – Grace Kelly und Diana Spencer – haben ihre kristallisierbare Imago zu einem Zeitpunkt aus dieser Welt in die des Ideals abgezogen, der in jedem Fall noch vor dem Gipfel der Parabel zu liegen kommt. Sobald sie aus diesem Leben geschieden waren, sich dem einen möglichen Gatten entzogen hatten, wurden sie für die vielen Liebhaber zugänglich, für die vielen Verehrer legitim zur höheren und näheren Bewunderung freigegeben. Natürlich waren auch die griechischen Heroen zeitweise beliebter als die Olympier selber gewesen, und ihr ideeller Gemeinbesitz zeigte sich auch dadurch an, daß sie nicht wie gewöhnliche Tote aus der Stadt aus und in die Nekropole einziehen mußten, sondern in ihren Schreinen unter den Menschen wohnen blieben, notfalls eingebildetermaßen in einem Kenotaph[10].

Das Idol entsteht, indem einem Lebendigen die Immobilität als Nimbus umgelegt wird, ihm in einem imperativen nunc stans das Sterbliche herausdestilliert und die Unsterblichkeit angezogen wird. Das sich auf den Angebeteten spiegelnde Spiel der in der Psyche versunkenen Bilder des Begehrens hat eine aus der Vor- und Frühgeschichte überkommene Form in den dekorierten, mit bunten, in goldene und silberne Metallfädenspiralen eingefaßten Steinen, zu kleinen Büscheln aufgedrehten, eingeschnittenen Papierstreifchen und allen möglichen feinen Spitzen – und Batistschleierchen, pompös wirkenden Märtyrerkronen und Palmzweigen besetzten Skeletten der Heiligen. In der Tat ist die besondere Liebe und Hingabe zu Knochen mehr als erstaunlich. Die meisten der einschlägigen Werke zur Reliquienverehrung nehmen sie aber als nun einmal gegeben und wenden sich ausschließlich der Detailanalyse des jeweiligen Kultes zu. Die Frage nach den Bedingungen, unter denen sich die Semiose an derart sprödes Material hat heften können, unterbleibt.

Der Prähistoriker Leroi-Gourhan hat in seinem Buch über die Religion der Vorgeschichte[11] das Interesse und die Faszination der Menschen für Knochen belegt und interpretiert[12]. In einer Welt ohne Schrift scheint der Knochen selbst Medium und Zeichen eines Gedächtnisses geworden zu sein, das sich an die Dinge und Stoffe anbindet, mit vollkommen anderen Systemen des Archivs, als wir sie kennen, sein Auskommen findet.

Die Bedeutung der Translation, die

zum Hauptinhalt der hagiographischen Berichte wird, reflektiert die Funktion der Knochen als eine Art Kernbrennstäbe der Erinnerung:

„Die erste Translation zum Kloster des Heiligen Theoderich.
Als an diesem Ort der trostreiche Bekenner des Herrn so lange geruht hatte und seine immer gepriesenen Tugenden kund geworden waren, transferierte ihn der selige Herr Hincmarus, der der fünfte Erzbischof von Reims gewesen war, in der Oktav des 10. Juli zum Kloster des Seligen Theoderich und legte ihn zur Rechten jenes würdigen Bekenners Christi, im Jahr der Fleischwerdung des Herrn 864. Alldort ruhte der Herr einige Jahre und wirkte dort sehr viele Zeichen, über die wir, die wir sie studiert haben, nur wenig und in Kürze berichten werden, damit wir nicht wegen derer allzu großer Nichtigkeit den Leser ermüden. … Nachdem neun Jahre vergangen waren, wurde er von dort wiederum in schon oben genannten Monat durch den schon erwähnten Praesul Hincmarus nach Reims transferiert und in der Basilica, die von demselben dem Heiligen Dionysius geweiht worden war, zur Ruhe gelegt; dort, wo auch die Brüder von Reims ihre Grablegung haben. Da kam ein blindes Weib, mit Namen Oda, aus dem Dorf, das am Ufer der Sopia liegt (es heißt Alamandorum curtis), sie trat zur Ehre seines Gedächtnisses an ihn heran und erlangte sogleich den einst verlorenen Gesichtssinn wieder. …

Seinen allerheiligsten Leib (ohne Zweifel den des Heiligen Rigbert) transferierte wiederum der Erzbischof von Reims, der Herr Fulco, in die Kirche der seligsten ewigen Jungfrau und Gottesmutter, im ersten Jahre seines Amtes, und er legte ihn hinter den Altar der der zum Heiligen Kreuz genannt wird, und er legte ihn zwischen die beiden mildtätigen Bekenner Christi Theodulfus und Basolus, und zwar genau in die Mitte, wie es dem Heiligen Rigbert geziemte.“[13]

Im katholischen Christentum, das sich in dieser Hinsicht als außerordentlich archaisch erweist, befindet sich seit dem Frühbarock der Ort der gläsernen Schreine der heiligen Skelette bezeichnenderweise auf dem Altar, wo sie sich auf demselben Niveau wie das heilige Geschehen befinden, die nackten, toten Kiefer bleckend, starr in einem Glaskasten liegend, die absurde Ornamentierung beispielsweise der sich dem Sternum nähernden Rippen als staunenswertes Ergebnis eines Kristallisationsvorgangs präsentierend. Hier wird in einer Art Umkehrschluß zum beschriebenen Dokument (gewöhnlichen kristallisieren in der Produktion des Idols der Knochen) eine außerordentlich radikale Arretierung der Lebendigkeit als für die Idolatrie geeignet erkannt. Das Skelett des Heroen oder der Heroine wird als die ultimative Hinterlassenschaft von höchster Authentizität gewürdigt.

An diesen Schreinen läßt sich eine Doppelung in der Logik der Idolatrie konstruieren: Einmal wird das Idealbild in der Inkubation (im Bergwerk, im verschütteten Stollen, im unterirdischen Grab) hergestellt, indem es im Dunkeln, über Nacht gewissermaßen unter den letzten, tatsächlich wirksamen liebenden Blicken allmählich erstarrt. Zum Zweiten muß es aber auch wieder hervorgeholt, nach seiner Transformation zum Erstarrten, exponiert werden, in seiner Ehrfurcht, Andacht und Hingabe einfordernden absoluten und toten Gestalt noch einmal den Blicken ausgesetzt. Der gläserne Schrein bildet den sekundären Erkenntnisschritt in der Beziehung zu einem aufgehobenen, absolut konservierten Geliebten.

Zuerst verschwindet es in der Kristallisations- und Erstarrungsprozedur, in der Verborgenheit, um dann wieder zu emergieren. So dient es, im prägnanten Widersatz zu dem sich ihm nähernden lebendigen Adoranten in seiner gläsernen Entrückung als Erinnerungs- und Vexierbild der erhabenen Autorität des Verehrungswürdigen an sich.

Es gibt für diese Prozedur verschiedene Modelle: Entweder man „friert" die Imago des jugendlichen Geliebten ein, wie das in Hebels Kalendergeschichte der Fall ist, und begegnet ihr dann als exakt derselben unter veränderten Bedingungen wieder, was große Erschütterung auslöst[14]. Diese Konstellation – vorausgesetzt, man ist bereit, sie als typologisch bedeutsam zu akzeptieren – muß notwendig zu einer Art Mumienkult führen, zu jener Anstrengung, die gewissermaßen die Vollkonserve des Idolatrierten in einer Art von Scheintod anstrebt. Zu diesem Typ gehören auch die Wunder-Mumien, die sich wunderbarerweise nicht auflösenden Leichname, deren phantastischer Zustand, anläßlich einer späteren Graböffnung, die Anwesenden davon überzeugt, daß es sich bei dem Bestatteten um einen Heiligen gehandelt haben muß. Meistens verströmen diese Mumien einen Rosenduft, der übrigens auch in den islamischen Heiligenlegenden zum Grab der Auserkorenen gehört. Es geht hier um den Moment des „Einfrierens", des Arretierens der Lebensfunktionen in der bestmöglichen lebensidentischen Weise.

Die Mumie gleicht demjenigen, den sie konserviert, auf's Haar, was man im anderen Fall, im Gebein des Heiligen etwa oder auch in bezug auf andere Reliquien, wie beispielsweise die getrocknete Hand der Heiligen Anna in der Kirche von Santa Maria Novella in Florenz, nicht behaupten kann.

Die Wunder-Mumien, zu denen schließlich auch das Schneewittchen zu rechnen sein wird, nähren die Idolatrie vermittels der Illusion, sie könnten sich zu jeder Zeit wieder erheben und zurück ins Leben treten. Sie sind in vielen Fällen die Schein-Toten, und dies nicht deshalb, weil sie nicht wirklich tot wären, sondern weil ihr Tod ausgesetzt ist, zum Schein erklärt. Diesem Zweck war die Herstellung der Mumien in Ägypten gewidmet: Sie dienten der

Außerkraftsetzung des Todes. Jede Mumie bekräftigte den unbedingten Willen, den Tod zu ignorieren. Falls die Erhebung aus der Krypta in den Glassarg in der Tat einer sekundären Intention, das im Verborgenen Erstarrte zur Schau zu stellen, einer jüngeren Entwicklung entspricht, deutet sie eine Verlagerung des Schwerpunkts des Erkenntnisinteresses an. Objekte müssen sich von der Kognition umhüllen lassen wie von Licht, das um sie herum zum Objekt-Kasten gerinnt und so das Objekt für die Ewigkeit der Idee präpariert. Diesen Erkenntnistyp – Erkenntnis als Präsentation der Objekte im transparenten Medium – hat natürlich besonders an den ursprünglich zur „Dunkelwelt" gehörenden Objekten eine merkwürdige Dramatik entfalten können. Das Spiel, die Dinge abwechselnd hinter und vor einem Schleier oder der Bühne – proszön oder obszön – erscheinen zu lassen, hat in der Gattung der erstarrten objets du désir, in den Leichnamen, außerordentlich geeignetes Material gefunden. Im gläsernen Schrein sind sie einem luminösen Geist dargeboten, seiner Autopsie, einer gleichsam fotografischen Behandlung: Das ausgestellte, dem Dunkel entrissene Ding ist wahrhaftig obszön. Es stachelt die Gier oder Neugier des Betrachtens und Kennens[15] auf und treibt sie unverhältnismäßig an. Das Spazierenführen des Blicks auf den blanken Knochen eines ausgestellten Skelettes hat etwas Ungeheuerliches, durchaus vergleichbar der Sensation, die eine optische Anatomie der Pornographie hervorzubringen in der Lage ist. Das Exponieren des Unsichtbaren definiert genau jene skandalöse Revolution, vermittels derer der archaische Geist in eine neue Ära der primär visuellen Formen der Erkenntnis eingetreten ist. Nicht umsonst wurden bestimmte unverfrorene Schaulustige beim Öffnen eines Heiligengrabes blind.

„Als sie aber der Körper des heiligen Mannes aus dem Grabe herausnahmen und sich daran machen wollten, ihn in die Kirche unter Flehen und Gelübde Ablegen zu tragen, kam Leutsinda mit ihrer ganzen Familie, durch eine falsche Erwartung dazu verführt, herbeigeeilt, und sie wagte es, den Körper von seinem Tuche zu entblößen um ihn zu sehen, und weil sie sehen wollte, verlor sie sofort das Licht der Augen (...).
Was noch? Durch die Fürbitten der heiligen Bischöfe und durch das Klagen und Jammern des ganzen Volkes für die Herrin, die nun so litt, erhielt Leutsinda ihren Gesichtssinn wieder. Sie lobte und pries Gott, den heiligen Furseus und weihte ihm das Ihrige für immer, sie, der in der gleichen Stunde, in der sie aus diesem Lichte geschieden war, es unversehrt wieder zurück erhalten hat."[16]
Die Adäquatheit von Blick und „Intim-Rest" wird damit in Zweifel gezogen. Die Erblindung gab aber schließlich die sofortige Gelegenheit zu einer ersten

Wundertätigkeit der ans Licht gezoge-
nen Knochen, zur Wiedererlangung
des Gesichtssinns noch zur selben
Stunde.

Die Erfindung und Herstellung der
Fotografie und insbesondere ihr Ein-
satz als Fetisch und spiritistische
Repräsentanz, liegen durchaus im Kon-
tinuum dieser Strategien, den Licht-
geist als „Entwickler" der Entelechie in
Anspruch zu nehmen[17]. Das ein für
allemale Festgehaltene, das Porträt,
zeigt die unsterbliche Seele als solche.
Die Lichtschrift, die einen Darzustellen-
den in seiner Eigentlichkeit manife-
stiert, wiederholt die idolproduzierende
Handlung des Erstarrenlassens eines
Geliebten oder Gemeinten im diapha-
nen Medium. Die Zelluloid-Konserve
und der kristalline Schrein der Heiligen,
der scheintoten Prinzessinnen und Dik-
tatoren üben, in Bezug auf die in ihnen
archivierten Potentiale, die selbe Funktion aus, sogar mit ähnlichen Mitteln.
Die Fotografie tritt mit vollem Recht in
Amt und Würden der älteren Konservie-
rungsregimes ein – insbesondere dort,
wo diese danach getrachtet hatten, die
Konservierung vermittels einer Art
Licht-Körper, der auf ontologischer
Ebene dem wirklichen Körper vorzuzie-
hen wäre, zu realisieren.
Das Gegenmodell zu den Wunder-
Mumien – Schneewittchen, die duften-
de Bernadette Soubirou, vielleicht auch
Echnaton, das perfekt einbalsamierte
Kind in den Kapuziner-Katakomben von
Palermo – stellt die Knochenreliquie
dar, aber auch jede Hinterlassen-

schaft, die über die Logik eines
Berührungszaubers mit der Substanz
eines gewissen Menschen geladen ist.
Überhaupt macht der Berührungszau-
ber nicht nur die Reliquie oder das ver-
lassene Kleid interessant, er bildet
zudem die Grundlage für die Akte der
Verehrung, die sich an ihm konzentrieren. Was nämlich die auszuübenden
Handlungen betrifft, so wird man nicht
ohne Grund an erster Stelle die Geste
der Berührung finden, wobei zwischen
Küssen und einem leichten Streicheln
mit der Fingerspitze verschiedene
Möglichkeiten der Kontaktnahme anzu-
setzen sind, die ausdrücklich allesamt
nicht-optische, sondern eben haptische
zu sein haben. Hier ist die Berührung
die wahrere Vermittlung, die wahre
Kommunikation mit dem Verehrten,
vor der Autopsie, vor der Fotografie.
Was das Skelett beispielsweise so
sehr von der Mumie unterscheidet, ist
die Reduktion auf das sozusagen von
Natur aus sowieso Bleibende, auf die
gleichsam unvermeidliche Hinterlassenschaft, die im höchsten Grade
SPUR ist, Lebensspur. Das Skelett ist
damit mit der Hinterlassenschaft als
solche in eine Klasse zu setzen, insbesondere mit den Kleidern, wenngleich
diese auch bedeutend hinfälliger sind
und in ihrer Erscheinungsweise geradezu in Opposition zu den Knochen
befindlich. Knochen und Kleider neben-
einander – eine denkwürdige Dialektik.
Das Skelett formt das Innerste, das
Kleid das Äußerste. So terminieren sie
von den beiden Extremen her doch in

Nähe und Intimität den Menschen und werden am Ende von ihm zurückgelassen. Das macht sie schon geeignet zur Idolatrie. Der- oder dasjenige, das sich als Prinzip des Lebens zwischen ihnen aufgehalten und ihnen die Zeichen der Veränderung eingeprägt hat, ist entwichen. Sie sind das unveränderlich ewig Übrige, die Reliquie, über die sich das begehrende Erinnern in anbetender Absicht neigt. Das magische Kleid, in dem jemand Bestimmter gewandelt, wird für ihn selbst genommen. Am Kleid haftet in dieser geronnenen Weise das Wesen, um dessen Erhöhung es geht. Aus diesem Grunde sind Kleider, die von weniger oder nicht anbetungswürdigen Individuen stammen, solche unheimlichen, Leichenteilen gleichenden, eher Haut- als Stoffetzen. Hingegen: die Windel Christi in der Wiener Schatzkammer oder das Cocktailkleid von Gracia Patricia, welch ehrwürdige Gegenstände!, denen man sich mit zum Kuß gespitztem Munde zu nähern hat.

Literaturangaben

1 „Wirft man in den Salzbergwerken von Salzburg einen entlaubten Zweig in die Tiefe eines verlassenen Schachts und zieht ihn nach ein paar Monaten wieder hervor, so ist er mit glänzenden Kristallen überzogen. Auch die kleinsten Äste, nicht größer als der Fuß einer Meise, sind mit zahllosen, lockeren, funkelnden Diamanten bedeckt. Der kahle Zweig ist nicht wiederzuerkennen." Stendhal (Henri Beyle): Über die Liebe, dt. mit einer Einführung von F. von Oppeln-Bronikowski, in Werke, Berlin, Frankfurt/Main-Berlin-Wien 1982, S. 54f

2 ebd., S. 54

3 ebd., S. 55

4 Johann Peter Hebel: Kalendergeschichten. Auswahl und Nachwort von Ernst Bloch, Frankfurt/Main 1965 („Unverhofftes Wiedersehen", S. 69-72)

5 ebd., S. 69

6 ebd., S. 71

7 s. Lutz Röhrich: Der Tod in Sage und Märchen, in: Gunther Stephenson (Hg.): Leben und Tod in den Religionen. Symbol und Wirklichkeit, Darmstadt 1997 (Nachdruck der Ausgabe 1994), S. 165-183

8 Hebel läßt die Geschichte allerdings mit christlicher Auferstehungshoffnung enden: „Schlafe nun wohl, noch einen Tag oder zehn im kühlen Hochzeitsbett, und laß dir die Zeit nicht lang werden. Ich habe nur noch wenig zu tun und komme bald, und bald wird's wieder Tag. Was die Erde einmal wiedergegeben hat, wird sie auch ein zweites Mal nicht behalten." Hebel, a.a.O., S. 72

9 In dieser Geschichte Hebels sind einige in Verbindung mit der scheintoten Prinzessin ausspielbare Motive wie beispielsweise das Vampirmotiv (s. Röhrich a.a.O., S. 167) unberücksichtigt.

10 Bernhard Kötting: Der frühchristliche Reliquienkult und die Bestattung im Kirchengebäude=Arbeitsgemeinschaft für Forschung des Landes Nordrhein-Westfalen, Geisteswissenschaften Heft 123, Köln und Opladen 1965, S. 11

11 André Leroi-Gourhan: Die Religionen der Vorgeschichte-Paläolithikum (Paris 1964), aus dem Französischen von Michael Bischoff, Frankfurt/Main 1981, Abschnitt I Knochenkult

12 ebd., „Dekorierte Knochen", S. 30f

13 ACTA SANCTORUM quotquot toto orbe coluntur … Notis illustravit Joannes Bollandus … Tomus I Januarius Venetiis 1731 apud Sebastianum Coleti et Jo. Baptistum Albrizzi Hieron. Fil., Tomus I, p. 179 (Übersetzung von der Verfasserin)

14 „erst als sie sich von einer langen heftigen Gemütsbewegung erholt hatte", Hebel a.a.O., S. 71

15 Hier ist ein Hinweis auf den Kult der Neugier in den Wunderkammern der Renaissance und der Frühen Neuzeit angebracht, in denen Knochen nicht die geringsten unter den Blicken dargebotenen Objekten waren, s. dazu: Krzysztof Pomian: Collectionneurs, amateurs et curieux, Paris 1987, bes. „La culture de la curiosité"; besonders das sogenannte „Gigantengebein", meistens Knochenfragmente von Dinosauriern, erfreute sich besonderer Beliebtheit. Kircher hat davon in seinem Museo in Rom ausgestellt.

16 Acta Sanctorum, a.a.O., Tomus secundus, p. 53 (Übersetzung von der Verfasserin)

17 s. dazu einen der Klassiker des „Techno-Spiritualismus" Alexander Aksàkow: Animismus und Spiritismus. Versuch einer kritischen Prüfung der mediumistischen Phänomene mit besonderer Berücksichtigung der Hypothesen der Hallucination und des Unbewußten, 2 Bde, übs. v. Gr. C. Wittig, dritte Auflage Leipzig 1898, Abschnitt I, Die Materialisierungsphänomene, a) Materialisierungs-Phänomene von sinnlich unwahrnehmbaren Objecten. – Transcendentale Photographie, S. 45ff

HANS BANKL
DER GLÄSERNE SARG: SNEEWITTCHEN WAR NUR SCHEINTOT.

Die Hauptkonflikte im Märchen über das Schicksal von Sneewittchen sind medizinischer Natur. Zunächst geht es um die Bewahrung der weiblichen Attraktivität auch im fortgeschrittenen Alter.

"Spieglein, Spieglein an der Wand, wer ist die Schönste im ganzen Land?" Dafür gibt es Schönheitschirurgen sowie Hormonvermarkter. Es geht weiters um einen zwar befohlenen, aber dann nur vorgetäuschten Ritualmord.

"Bring das Kind hinaus in den Wald. … Du sollst es töten und mir Lunge und Leber zum Wahrzeichen mitbringen." Dafür sind die Gerichtsmediziner zuständig.

Und es geht sogar um Kannibalismus, um die Aneignung von Eigenschaften eines Toten durch Organverzehr (FREUD 1925).

"… und das boshafte Weib aß sie auf und meinte, sie hätte Sneewittchens Lunge und Leber gegessen." Das fällt in den Bereich der Tiefenpsychologie und forensischen Psychiatrie. Schließlich geht es um die Wiederkehr des Lebens in eine Tote.

"Und nicht lange, so öffnete es die Augen, hob den Deckel vom Sarg in die Höhe und richtete sich auf und ward wieder lebendig." Dies ist eindeutig ein Fall für die Pathologie.

Unsere Märchen – in der ursprünglichen Form keineswegs für Kinder gedacht – strotzen nur so von Zwistigkeit und Rivalität, Lug und Trug, gewaltsamem Tod und wunderbaren Errettungen. Das erstaunt nicht, denn es handelt sich ja um Reflexionen archetypischer Verhaltensmuster des Menschen. Die an sich unglaubwürdigen Vorkommnisse erreichen jeweils bei der Wiedererweckung von Toten ihren Höhepunkt (SEIFERT 1983). Soweit es das fast verlorene Leben von Sneewittchen betrifft, kann die Naturwissenschaft eine einfache Lösung anbieten. Sneewittchen war nur scheintot! Und gerade der gläserne Sarg ermöglichte ihre ständige Präsenz unter den Lebenden sowie die Chance, nach dem Wiedererwachen überhaupt bemerkt zu werden. Letzteres ist ein großes Problem bei Scheintoten. Wir kennen nur jene, die es geschafft haben, wieder aus dem Sarg zu steigen. Über die Dunkelziffer der mißglückten Versuche kann man nicht einmal spekulieren (KOCH 1990, SCHÄFER 1994). Lediglich eines steht fest: Es gibt den Scheintod, genauso wie es eine Scheinträchtigkeit, eine Scheinheiligkeit oder eine Scheinfirma gibt. Schein ist der Gegensatz zur Wirklichkeit – es scheint nur so, es sieht nur so aus als ob.

Was ist der Scheintod? Jener Zustand eines Organismus, in welchem die Lebensfunktionen auf ein solches Minimum herabgesetzt sind, daß der Eindruck der Leblosigkeit entsteht. Man spricht von Via minima, was bedeutet, daß der Mensch gerade noch lebt. Die wichtigsten Ursachen für einen Scheintod werden nach Merkvokalen zusammengefaßt
(REIMANN und PROKOP 1973):

A - Alkoholvergiftung
Anoxie, d.h. Sauerstoffmangel
Anämie, d.h. Blutverlust
Azetongeruch, d.h. Koma bei Zuckerkrankheit

E - Elektrizität, d.h. Stromunfall einschließlich Blitzschlag
Epilepsie

I - Injury, d.h.
Schädel-Hirn-Trauma

O - Opiate, d.h. Schlaf- und Suchtmittel

U - Unterkühlung

Vor allem eine Unterkühlung in Kombination mit Alkohol und zentralnervösdämpfenden Pharmaka kann einen scheintodartigen Zustand hervorrufen. Viele Prominente hatten Angst vor dem Scheintod (BANKL 1997).
Hans Christian Andersen (1805 – 1875) legte jeden Abend einen Zettel mit den Worten "Achtung, ich bin nur scheintot!" neben sein Bett.
Giacomo Meyerbeer (1791 – 1864) trug ständig eine letztwillige Verfügung bei sich, deren Finder 1.000 Taler Belohnung erhalten solle und worin er eine längere Frist vor der Bestattung erbat.
Arthur Schopenhauer (1788 – 1860) hatte testamentarisch festgesetzt, daß man ihn noch sechs Tage nach seinem Ableben unangetastet in seinem Bett liegen lassen solle.
Arthur Schnitzler (1862 – 1931) verfügte, daß an seinem Leichnam ein "Herzstich" durchgeführt wurde.
Johann Nestroy (1801 – 1862) schrieb in seinem Testament:

"Das einzige, was ich beym Tode fürchte, liegt in der Idee der Möglichkeit desLebendigbegrabenwerdens. Unsere Gepflogenheiten gewähren in dieser höchstwichtigen Sache eine nur sehr mangelhafte Sicherheit. Die Todtenbeschau heißt so viel wie gar nichts, und die medizinische Wissenschaft ist leider noch in einem Stadium, daß die Doctoren – selbst wenn sie einem umgebracht haben - nicht einmal gewiß wissen, ob er todt ist. Das in der Erde verscharrt werden ist an und für sich ein widerlicher Gedanke, der durch das obligate Sargzunageln noch widerlicher wird. Mit einem Stoßseufzer denke ich hier unwillkürlich, wie schön war das Verbranntwerden – als Leiche nehmlich – wo die Substanzen in die freyen Lüfte verdampfen und die Asche in einer schönen Urne bey zurückge-

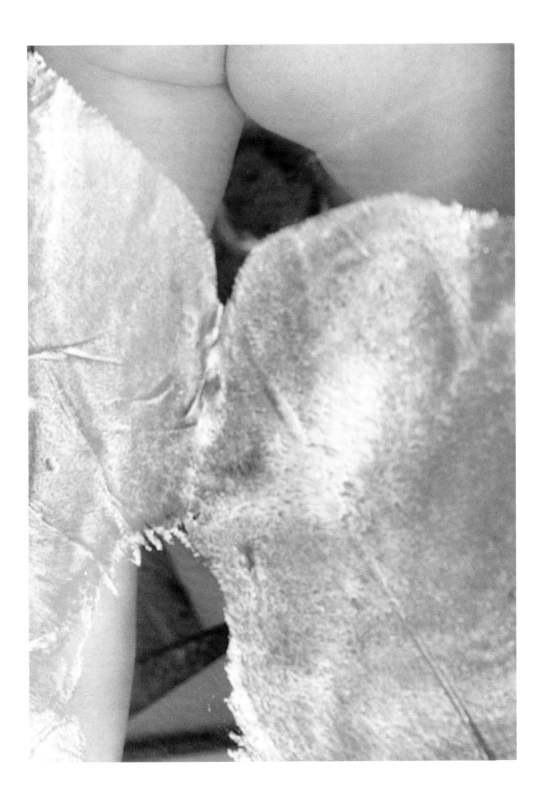

69

lassenen Angehörigen in einem netten Kabinetchen stehen bleiben konnte. So that man vor Zweitausend Jahren, aber freylich, bis die Menschen wieder so gescheidt werden."

Besonders im 18. Jahrhundert wurde die Angst vor dem Scheintod heftig diskutiert.
Gerard van Swieten (1700 – 1772) erkannte die Misere der damaligen Totenbeschau, erklärte seiner Kaiserin Maria Theresia den Unterschied zwischen Scheintod und wirklichem Tod, und erwirkte ein Dekret zur Festlegung einer Zeitspanne von mindestens 48 Stunden zwischen Todesfeststellung und Beerdigung.
Das Problem der Verhütung des "Lebendigbegrabenwerdens" gab es nicht nur in den österreichischen Erblanden. Aus Thüringen ist ein "Noth- und Hülfs-Büchlein für Bauersleute" vom Jahre 1788 überliefert, mit entsprechenden Richtlinien und Ratschlägen, damit nun kein Mensch begraben werde, ehe diese Zeichen wirklich da sind:
Es muß in jeder Gemeinde eine gewisse Frau von der Obrigkeit des Ortes dazu bestellt sein, die Toten abzuwaschen, anzukleiden und mit Hilfe des Tischlers in den Sarg zu legen. An vielen Orten nennt man eine solche Frau die Totenfrau. Diese muß nun eine verständige Person sein, und muß auch zu unterscheiden wissen, ob ein Mensch wirklich tot sei, oder vielleicht nur in einer tiefen Ohnmacht liege.

Müssen die Tischler oder Schreiner, welche die Särge machen, wenn sie Meister werden wollen, sich von einem von der Obrigkeit dazu bestellten Arzt unterrichten lassen, daß sie die rechten Kennzeichen des Todes unterscheiden lernen. Auch dürfen sie den Deckel zum Sarg nicht eher abliefern, bis die Leiche anfängt zu riechen.
Sieht aber ein Verstorbener im Gesicht noch ziemlich unverändert aus, oder ist er schnell gestorben: so muß man ihn nicht eher aus dem Bett nehmen, bis man probiert hat, ob noch Leben in ihm sei, und ob es wieder erregt werden könne.
Und so lange muß man warten, weil es Exempel gibt, daß Leute acht Tage lang und noch länger in Ohnmacht gelegen haben und doch wieder zu sich selbst gekommen sind.
Bei so viel Angst vor dem Scheintod lag die Konstruktion von Apparaturen gegen das Lebendigbegrabenwerden nahe. Besondere Berühmtheit erlangte der "Rettungswecker": eine um die Hand der im Sarg aufgebahrten Person gewickelte Schnur löste bei der geringsten Bewegung ein Läutwerk beim Friedhofswärter aus. Da diese Maschine in Wien lediglich am Währinger Friedhof vorhanden war, wollten sich Tausende Wiener nur noch dort begraben lassen.
Den gläsernen Sarg gab es nicht nur im Märchen. Aus Frankreich kam ein Sargmodell mit Sauerstoffversorgung, Beleuchtung sowie einer eingelagerten Notration an Wasser und Konserven.

Außerdem gab es einen Aufbahrungs-
sarg mit einem von innen herausklapp-
baren Seitenfenster.

Was die Wirkung des Giftes betrifft,
welches bei Sneewittchen einen
scheintotartigen Zustand auslöste, so
ist dies nichts Außergewöhnliches.
Viele Narkotika sind bekannt, die den
Stoffwechsel derart herabsetzen, daß
praktisch keine Lebenszeichen mehr
vorhanden sind (PROKOP und GÖHLER
1976).

Wie das Schicksal der Scheintoten
sein kann, mögen zwei Geschichten
illustrieren, die zwar nur belletristi-
schen Wert haben, aber sich gerade
dadurch wieder dem Märchen
annähern.

Dem "Bayrischen Landboten" (1791)
entstammt folgender Fall: Ein Student
der Arzneiwissenschaft in Ingolstadt
wurde plötzlich krank, verfiel in starre
Besinnungslosigkeit und wurde für tot
gehalten. Man entkleidete ihn, wusch
ihn und legte ihn wie üblich auf ein
Brett. Der Kranke aber sah alles selbst
mit an. Er hörte und fühlte, nur war es
ihm unmöglich, die geringste Bewegung hervorzubringen. In der Nacht
vor seinem Begräbnis, als er einsam,
starr und kalt auf seinem Brette lag,
erlangte er unter Anspannung all seiner Willenskraft die Bewegungsfähigkeit wieder. Aber seine Hände waren
ihm mit Wachs und seinem Rosenkranz
so fest verknäult, daß er sie nicht
gebrauchen konnte. Er sträubte und
bäumte sich, bewegte das auf ihm liegende Tuch und warf damit die neben

ihm stehende Lampe um. Das machte
die im darunterliegenden Raum
wachenden Leute aufmerksam. Sie
kamen, sahen den "Toten" sich bewegen, flohen, kamen zögernd wieder
und nahmen ihn endlich auf sein
wehmütiges und wiederholtes Beteu-
ern unter den Lebenden auf.

Drei Dinge waren ihm während seines
Scheintodes peinlich gewesen. Erstens
der Zuspruch des Geistlichen, der so
eifrig redete, daß ihm jede Silbe wie
ein Dolchstoß in die Ohren drang. Zweitens bereitete ihm das gewaltsame
Zudrücken des in totenähnlicher
Erstarrung befindlichen Mundes physi-
sche Schmerzen. Der Scheintote
glaubte, man würde ihm die Kinn-
backen zersprengen. Drittens das
Besprengen mit dem eiskalten Weihwasser, wovon ihn jeder Tropfen, der
ihm ins Gesicht kam, bis ins Innere
erschauern ließ. Dennoch schrieb er
seine Rettung dem Weihwasser zu: Da
man ihn aus frommer Freigebigkeit oft
besprizte, kam auch eine gute Portion
davon in seinen Schlund, und dies ver-
ursachte den Reiz, durch den er seine
Bewegungsfähigkeit wiedererlangte.

Francois Gayot de Pitaval berichtete in
seinen "Causes célèbres et intéressan-
tes" (1734): Ein junger Mann von Adel
wurde gezwungen, in einen geistlichen
Orden einzutreten. Als er sein Gelübde
abgelegt, die Weihe aber noch nicht
empfangen hatte, mußte er eine Reise
antreten. In einem Gasthöfe, in dem er
abstieg, fand er Wirt und Wirtin in
größter Betrübnis, weil ihre einzige

Tochter gestorben war. Sie sollte am kommenden Tag begraben werden, und man bat den angehenden Mönch, nachts zu wachen und Gebete zu sprechen. Als er an der Bahre des Mädchens stand, wollte er sich selbst von ihrer großen Schönheit, die man ihm gerühmt hatte, überzeugen. Er deckte ihr Gesicht auf in der Erwartung, das durch Todesangst entstellte Gesicht einer Leiche zu sehen. Er fand aber so reizende Züge, daß er seine Gelübde vergaß und "sich bei dieser Person eben die Freiheiten herausnahm, welche bei Lebzeiten die Ehe hätte erlauben machen könnten." Nachdem er seine Begier gestillt hatte, erwog er die Häßlichkeit seiner Tat, und aus Scham über sein Verbrechen reiste er frühzeitig ab. Als man das Mädchen im verschlossenen Sarg zu Grabe trug, wurde eine Bewegung darin bemerkt. Man öffnete den Sarg, fand das Mädchen lebendig, brachte es zu Bett, und in kurzer Zeit war es wieder gesund. Bald darauf aber mußte man erkennen, daß die Wirtstochter schwanger war. Sie konnte aber auf alle Fragen keine Antwort geben, da sie sich an nichts erinnerte. Sie brachte unter Tränen und Vorwürfen ihr Kind zur Welt und flüchtete in ein Kloster. Inzwischen war der junge Mann, der keine weiteren Folgen seines Verbrechens ahnte, genötigt, wieder durch die Stadt zu reisen. Er stieg im gleichen Gasthof ab wie damals, brauchte aber nicht zu befürchten, wiedererkannt zu werden, denn als einzi-

ger Sohn hatte er nach dem Tode seines Vaters ein ansehnliches Vermögen geerbt, sich seiner Gelüde entbinden lassen und war nun, wie zuvor, ein junger und reicher adeliger Herr. Er traf Wirt und Wirtin wieder in größter Betrübnis. Teilnehmend erkundigte er sich nach ihrem Kummer und erfuhr die ganze Geschichte. Sofort machte er sich nach jenem Kloster auf und fand das Mädchen noch schöner wieder. Er begehrte es zur Ehe, der Antrag wurde angenommen und das Kind als ehelich von ihm anerkannt. Wäre das Märchen vom scheintoten Sneewittchen nicht so ausgegangen, wie es die Brüder Grimm erzählt haben, wer weiß, welches Schicksal und welche Erlebnisse während des Scheintodes sich andere Geschichtenerzähler hätten einfallen lassen. Aber das ist dann wirklich ein anderes Märchen.

Literatur

BANKL, H.: Der Pathologe weiß alles... aber zu spät. Kremayr und Scheriau, Wien 1997.
BECKER, Z.: Noth- und Hülfs-Büchlein für Bauersleute. Gotha 1788.
FREUD, S.: Totem und Tabu. Einige Übereinstimmungen im Seelenleben der Wilden und der Neurotiker. Internationaler Psychoanalytischer Verlag, Wien 1925.
KOCH, T.: Lebendig begraben. Geschichte und Geschichten vom Scheintod. Edition Leipzig 1990.
PROKOP, O. und W. GÖHLER: Forensische Medizin. G. Fischer, Stuttgart 1976.
REIMANN, W. und O. PROKOP: Vademecum Gerichtsmedizin. Volk und Gesundheit, Berlin 1973.
SEIFERT, T.: Schneewittchen. Das fast verlorene Leben. Kreuz Verlag, Zürich 1983.
SCHÄFER, S.: Scheintod. Auf den Spuren alter Ängste. Morgenbuch, Berlin 1994.

GERBURG TREUSCH-DIETER
SCHWARZE SAU - WEISSER SPIEGEL - ROTE NADEL
Schneewittchen als Farbenlehre

Sau

In "Schneewittchen"[1] gehen Gewalt und Tod von den weiblichen Positionen aus. Die Mutter sticht sich in den Finger, sie tut sich selbst Gewalt an, die ihren Tod nach sich zieht. Ihr Blut auf dem Schnee deutet auf die daraus entstehende Tochter, bei deren Geburt sie stirbt. Die Tochter ist rot wie Blut - die Gewalt geht weiter. Sie ist schwarz wie Ebenholz - der Tod ist ihr vorherbestimmt. Und sie ist weiß wie Schnee - er hat sie schon erreicht. Die Tochter ist weiß wie der lebende Tod. Die Stiefmutter vollzieht ihn erneut. Sie verfolgt die Tochter mit Gewalt und Tod, indem sie dem Jäger ihre Tötung befiehlt. Und da die Tote noch immer lebt, tritt die Stiefmutter als Krämerin, arme Frau und Bauersfrau auf, stets mit dem Ziel der Tötung: sie gelingt mit einem Apfel, wie es scheint, was die Stiefmutter mit Gewalt und Tod, selbstverschuldet, büßt. Die männlichen Positionen in "Schneewittchen" kennen nur Liebe, Mitleid, Arbeit. Der König vermählt sich nach der ersten Gattin mit einer zweiten - aus Liebe. Der Jäger tötet Schneewittchen nicht - aus "Mitleiden". Die "Herrn von dem Häuslein", denen Schneewittchen dient, sind jeden Tag untertage - Arbeit, nichts als Arbeit. Und wenn der Königssohn Schneewittchen heimführt, tut er dies wie der König - aus Liebe.

Es gilt demnach, "Männer gut - Frauen bös", also Schwarz-Weiß-Malerei? So scheint es. Aber das Rot paßt nicht ins Bild, außer es wäre ausschließlich eine Farbe des Bösen. Doch mit Gewalt und Tod verbunden, haftet es allen Frauen, Mutter, Tochter und Stiefmutter an, obwohl nur die Stiefmutter als böse gilt, die Mutter dagegen nicht. Die "drei Tropfen" ihres Bluts fallen, indem sie nähend aus dem Fenster blickt und sich sticht. Und doch fällt ihr Blut "heraus" - es fällt in den Schnee. Seine Blutfarbe Rot fällt auch aus dem Namen der Tochter "heraus" - sie heißt Schneewittchen. Nur die Stiefmutter ist ganz in die Blutfarbe Rot getaucht, da sie in "feuerrothen Schuhen" (193) zugrundegeht. Die Löschung der Blutfarbe im Namen der Tochter, der die Mutter wortwörtlich wünscht: "Hätt' ich ein Kind (...) so roth wie Blut" (185) - diese Löschung könnte heißen, daß nur die Tochter der männlichen Welt aus Liebe, Mitleid und Arbeit angehört. Aber auch dann geht die Schwarz-Weiß-Malerei nicht auf, da die Stiefmutter als zweite Gattin des Königs in diese Welt ebenso einbezogen ist wie die erste Gattin, die Mutter. In dieser Welt fällt an Mutter und Tochter das Blut "heraus", das an der Stiefmutter, feuerrot, zur Erscheinung kommt.

Aus dieser Farbenlehre könnte folgen: die Männer malen sich und auch die Frauen weiß, gesetzt, die Löschung ihres Bluts gelingt. Wenn nicht, wird's zappenduster. Die Mutter sieht von vornherein schwarz, da sie durch ein Fenster blickt, "das einen Rahmen von schwarzem Ebenholz hatte" (185). Die Stiefmutter bewegt sich in diesem Rahmen, in dem sie zusätzlich, bis sie verkohlt, angeschwärzt wird. Die Tochter ist zwar dem Namen nach schneeweiß, aber, "schwarzhaarig wie Ebenholz" (185). Ihr sitzt dieser Rahmen hautnah auf. Er ist ihr auf den Leib geschrieben, als ob sie immer schon ihre eigene, schwarzgerahmte Todesanzeige sei. Von vornherein für den Tod bestimmt, tritt er im nachhinein jedoch nie ein, obwohl die Tochter, in Übereinstimmung mit den "drei Tropfen" Blut der Mutter, dreimal stirbt. Er tritt nie ein, weil die Tochter ununterbrochen getüncht und überpinselt wird. Das weiße Bild Schneewittchens hat zu beweisen, daß weder Machthaber, wie Könige und ihre Söhne, noch Killer, wie gedingte Jäger, noch "Herrn" in einem "Häuslein", das ein Konzern ist, in dem Erz für Waffen und Werkzeuge gefördert wird, jemals mit Blut etwas zu tun gehabt haben - und schon gar nicht mit weiblichem Blut.

Anstreicher sind am Werk. Es wird Weißmalerei betrieben. Männer, an denen Blut klebt, gibt es in der Farbenlehre von "Schneewittchen" nicht. Zeigt sich Blut, dann fällt es auf die Frauen zurück, die sowieso Schwarzseherinnen sind. Die Macht über Leben und Tod ist rein, ob vom König oder Königssohn ausgeübt. Dasselbe gilt für die Macht des Jägers. Auch seine über Tod und Leben entscheidende Waffe bleibt rein. Zu Gewalt und Tod von einer Frau gegen eine Frau angestiftet, sticht er nicht diese ab, sondern eine Sau, "weil gerade ein junger Frischling dahergesprungen kam" (187). Und daß die Macht der "Herrn von dem Häuslein" eine unreine sei, dies erübrigt sich von selbst. Denn diese Macht ist die reine Macht der Arbeit. Keine Konzernriesen lassen arbeiten, sondern "Zwerge" (187) arbeiten selbst. Sie sind es, die "in den Bergen nach Erz hackten und gruben" (187), ohne daß sie Erzschufte oder -halunken sind. Ihre Kraft schafft die ehernen Grundlagen des Lebens. Sie schwingen im Schweiß des Angesichts ihre Hacke, die nichts zerhackt, die nichts zerstört, die nichts ausraubt, die niemand totschlägt, der dasselbe tun will.

Die Farbenlehre in "Schneewittchen" impliziert eine symbolische Ordnung, deren Gesetz das Weiße ist. Durch dieses gedeckt, sind die Macht, ihre Waffen und Werkzeuge, rein. Und sollten die Zwerge schwarz vor Dreck sein, oder der Jäger rot von Blut, der aus der abgestochenen Sau "Lung und Leber" (187) herausnimmt - macht nichts. Waschen. Auch die Weiße des Gesetzes "hat sich gewaschen". Es hat das Rot des weiblichen Bluts, ob es von einer Sau oder Frau ist, gestrichen. Sein Pinsel fürs Überpinseln könnte aus Sauborsten gewesen sein. Denn in dem Maß, wie er das weibliche Blut einerseits weiß übermalt - siehe Schneewittchen, andererseits feuerrot aufträgt - siehe die Stiefmutter, in

dem Maß verbirgt sich in dieser abgestochenen Sau ein weibliches Opfer. Es wird einerseits durch das Bild der Sau verstellt, andererseits im Bild dieser Sau ausgestellt. Wie dieses hingepinselte Kunstwerk funktioniert, geht sowohl aus dem Verhältnis von Symbolischem und Realem als auch daraus hervor, daß diese Sau ein "junger Frischling" ist, also schwarz-weiß-gepunktet, was ihrem Doppelbild entspricht, das, schwarz oder weiß, dem Symbolischen angehört. Doch wo bleibt das Reale? Wo bleibt das Rot des Bluts? Es ist mit Schneewittchen im "wilden Wald" (186) verschwunden.

Schneewittchen wird, wenn die Sau ihren letzten Schnaufer tut, getötet. Sein Blut fließt im Blut der Sau weiter. Es ist real, ob von Frau oder Sau. Gleichzeitig ist das Blut der Sau ein

Ersatz für das Blut Schneewittchens. Denn an ihm wird ein Opfer vollzogen, das vom Gesetz des Weißen gestrichen ist. Ob dieses Blut weiß oder schwarz übermalt wird, kommt auf dasselbe "heraus": niemand hat's gesehen. Die Sau ist weiß - ihr Bild verstellt das Opfer, die Sau ist schwarz - ihr Bild stellt das Opfer aus. Ob weiß verstellt, oder schwarz ausgestellt, das Opfer bleibt unsichtbar. Und doch spricht der Ersatz, indem er das Opfer verschweigt, das Verschwiegene aus - saumäßig entstellt, aber immerhin. Der Klartext des hingepinselten Kunstwerks ist demnach, wer vom weiblichen Opfer spricht, läßt die Sau raus - aber im Bild der Sau. Säuisches Symbolisches, oder reale Sau, bleiben sich gleich. Sau bleibt Sau. Dennoch kann das Symbolische das Reale nie ganz ersetzen. Die über Schneewittchens

Opfer gemalte Sau ist schwarz-weiß-gepunktet - das Rot fällt "heraus". Sein Blut fließt als Saublut weiter. Und es bleibt, da das Gesetz des Weißen alles Blut löscht, unersetzt. Schneewittchen muß, blut- und farblos, als lebende Tote geistern. Das Schwarz seiner Tötung und das Rot seines Bluts kommen an der Sau zwar "heraus" - aber "unter aller Sau".

Wie es scheint, will die Stiefmutter eben dies, was "unter aller Sau" ist, haben. Sie befiehlt dem Jäger, ihr "Lung und Leber" Schneewittchens zu bringen, was er durch die Übergabe des säuischen Ersatzes erfüllt. Noch bevor sie dies Säuische hätte wissen können, fordert sie jene Organe "zum Wahrzeichen" (186) - warum? "Lung und Leber" sind als reale Zeichen wahr, es sind Organe. Und sie trügen als wahre Zeichen des Realen, da es nicht die Organe Schneewittchens sind, sondern die einer Sau. Aber sie lügen nicht, da "Lung und Leber" etwas Unersetzliches ersetzen: Atem und Blut, die ohne diese Organe nicht vorhanden sind. Also kann der Ersatz einerseits Unersetzliches nicht ersetzen - außer "unter aller Sau", andererseits ist er selbst unersetzlich. Darum sind "Lung und Leber" als Zeichen, die das Unersetzliche bezeichnen, wahr. Sie sind "Wahrzeichen", die gegen das Symbolische gerichtet sind, dessen Gesetz, indem es ersetzt, vernichtet. Sein Weiß löscht die Farbe des Lebens, jene "Wahrzeichen" löschen sie nicht. "Lung und "Leber" sind rot.

Sie sind fleischgewordener Atem, blutgewordenes Fleisch. Sie sind reale Zeichen des Wahren. Sie sind "Wahrzeichen" für das Leben selbst, das unersetzlich ist. Und diese "Wahrzeichen" will die Stiefmutter haben, obwohl sie bei ihrer Übergabe durch den Jäger nur tote Organe in Händen hält.

Hätte die Stiefmutter diese toten Organe gegessen, sie hätte eine Formel des Symbolischen erfüllt, die das Gesetz des Weißen vorgibt: "Esset, dies ist mein Leib, dies ist mein Blut". Ihr Mahl wäre ihr durch das Abendmahl verdorben worden, durch seine Fleischwerdung des Symbolischen, das nur durch Vernichtung ersetzt. Sie aber will das Gegenteil. Keinen toten Leib des "Herrn", kein blut- und farbloses Weiß der Hostie, sondern fleischgewordenen Atem und blutgewordenes Fleisch des Weiblichen, das sie "zum Wahrzeichen" gegen den "Herrn" einsetzt. Sie verhöhnt den "Herrn". Sie beschmutzt das Weiße des Gesetzes. Sie bringt über die Reinheit seiner Macht das Blut, das diese für unrein erklärt. Was "unter aller Sau" ist, wird aufgetischt - das weibliche Opfer in seiner geleugneten Form als Sau. Damit ist das Saumäßige auf dem Tisch. Damit ist das Unterste nach oben gekehrt. Damit ist klar, worauf die symbolische Ordnung basiert - darauf, daß die Frau zur Sau gemacht wird. Also macht die Stiefmutter die Sau zur Frau. Sie läßt "Lung und Leber (...) in ihrer Gier gleich in Salz kochen, aß sie auf und meinte, sie hätte Schneewitt-chens Lunge und Leber gegessen" (187). Sie meint es zurecht. Denn "in ihrer Gier" nach Leben, hat sie "Wahr-zeichen" des Lebens fabriziert. Sie hat den toten Organen der Sau durch Kochen den brodelnden Atem und die aufwallende Hitze des Bluts hinzuge-fügt und - durch eine Prise Salz - das Salz des Lebens.

Sie ist es, die Leben aus Tod erschafft - nicht der "Herr". Sie ist es, die lebende Zeichen aus toten kreiert - nicht der "Herr". Sie ist es, die Leben gibt - nicht der "Herr". Sie ist es, die mit ihrem Mahl das Abendmahl ersetzt. Sie ist es, die das Symbolische zer-setzt - die Prise Salz ist weiß, aber sie löst sich im roten Blut der kochenden Organe auf. Einverleibt, werden sie, pars pro toto, Fleisch von ihrem Fleisch. Die Sau wird Frau. Die geleug-nete Form des weiblichen Opfers wird rückgängig gemacht. Sein verzehrter Ersatz, mag er Schweinebeuschel und Schweineleber gewesen sein, offen-bart, was die Hostie nur zu offenbaren behauptet. Sie gibt etwas vor, was sie nicht gibt. Wer sie nimmt, verhungert. Sie vernichtet das Fleisch, indem sie es ersetzt. Der verzehrte Ersatz von Schweinebeuschel und Schweineleber gibt nichts vor - er gibt. Er gibt die unersetzliche Gabe des Lebens, sofern das Verzehrte "zum Wahrzeichen" wird. In der Tat, die Stiefmutter ist ein "böses Weib" (193). Zwar kocht sie nur und ißt, was sie gekocht hat, mit Verstand, aber das genügt für ihr

Attentat auf das Weiße des Gesetzes, das Frauen nur als lebende Tote vor-sieht, als tote Organe mit Reprodukti-onsfunktion, die durch die einer abge-stochenen Sau ersetzt werden können.

Spiegel
Weil die Stiefmutter ist, was sie ißt, weil sie sich nicht als Gegessene, son-dern als Essende zeigt, weil sie nicht nur eine "schöne Frau", sondern "stolz auf ihre Schönheit" ist, wird ihre Positi-on auch umgekehrt erzählt: wenn sie das Symbolische durch "Wahrzeichen" ersetzt, dann ist sie verblendet, wenn sie das Symbolische zersetzt, dann wird sie zersetzt. Das Symbolische wird Fleisch werden - auch bei ihr. Kehrt sie das Unterste nach oben, muß sie runter - auch als Königin. Das Symbolische wird die Tötung wiederho-len, die für Frauen, bei lebendigem Leib, üblich ist. Es wird ihr einen Spie-gel vorhalten - nicht sie ihm. Er wird ihr ein Bild vorgeben, "das es ihr gibt". Brodelnden Atem kann sie haben, aber außer Atem. In Hitze aufwallendes Blut ebenso, aber vor Haß. Sie wird den Spiegel lieben, bis zur Hörigkeit, aus dem das Symbolische zu ihr spricht: "Frau Königin, ihr seyd die schönste hier, aber Schneewittchen ist tausend-mal schöner als ihr" (186). Die sich spiegelnde Königin wird weggespie-gelt, indem ein anderes Bild an ihre Stelle tritt. Und dieses Bild trifft. Es verletzt den "Stolz", weil es niemals zu übertreffen sein wird, und weil ihr eige-nes Bild nicht mehr vorhanden ist.

Damit ist der Mangel produziert. Von ihm aus wird die Königin durch Wegspiegelung und Ersetzung, die beliebig wiederholbar sind, bis zum Durchdrehen zersetzt.

Da, wo ihr etwas fehlt - ihr eigenes Bild - da ist sie auf den Spiegel verwiesen. Er stellt ihr ein unerreichbares Bild in Aussicht, angesichts dessen ihr nicht nur etwas fehlt, sondern angesichts dessen sie zunehmend zunichte wird, wann immer sie fragt "wer ist die schönste im ganzen Land?" (186) Vom Spiegel hört sie stets aufs neue das, was sie nicht hören will, das, was sie nicht mehr hören kann, das, wordurch ihr Hören und Sehen vergeht, das, wodurch sie hörig wird: das Symbolische wird Fleisch - auch bei ihr. Durch den Spiegel negiert, ist sie auf ihn fixiert, damit er endlich auf ihre unendliche Frage eine andere Antwort gäbe, als die: "Frau Königin, ihr seyd die schönste hier, aber Schneewittchen ist tausendmal schöner als ihr". Aufs neue wird ihr Bild aus-, und Schneewittchens Bild eingeblendet, bis sie verblendet auf ihr Gegenbild stiert. Durch dieses hindurch spricht ihr der Spiegel das Urteil, vor dem sie zunichte wird, zu nichts. Ihre Tötung durch das Symbolische ist vollendet - nicht obwohl, sondern weil dieses Bild nur eine Vorspiegelung des Symbolischen ist. Denn Schneewittchen hat nie in den Spiegel geblickt. Es hat sich nie selbst erblickt. Es hält sich im Rahmen jenes vorgegebenen Bildes. Es spiegelt den Spiegel, durch dessen Blick es

bezeichnet wird. Er spiegelt das Auge des Gesetzes wider, das Weiß sehen will, blendendes Weiß. Bei der Stiefmutter sieht es rot. Sie wird weggespiegelt, weil sie sich selbst bezeichnet. Eine Frau hat, bildlos, dem weißen Bild zu entsprechen, das ihr weis gemacht wird.

Auch als Königin entspricht die Stiefmutter dem Gesetz des Weißen nicht. Auch in ihrer umgekehrten Position ist sie diejenige, die sich spiegelt, die sich selbst bezeichnet, was ihr durch Blasphemie gelingt, durch Hörigkeit ausgetrieben wird. Eine Frau hat die Gegessene, nicht die Essende, die Widersspiegelnde, nicht die Sich-Spiegelnde zu sein. Sie ist Nahrung oder Spiegel für das Symbolische, sonst nichts. Unter ihrem blasphemischen Aspekt hebt die Stiefmutter diese Reproduktionsfunktion auf: sie tischt die "Wahrzeichen" der Gabe des Lebens auf, die sie sich einverleibt. Unter ihrem hörigen Aspekt als Königin ist sie Mangel, Fehlen, nichts: Schneewittchen ist nicht ihre Tochter, sondern ihre Stieftochter. Sollte sie etwa süchtig danach sein, zu gebären, und eifersüchtig darauf, daß eine andere Mutter, die erste Gattin des Königs, ein Kind geboren hat, sie, die zweite Gattin, nicht? Hat sie einen unerfüllten Kinderwunsch? Offensichtlich nicht. Ihre Sucht und Eifersucht wird ausschließlich durch das Bild des Spiegels induziert: "Frau Königin, ihr seyd die schönste hier, aber Schneewittchen ist tausendmal schöner als ihr'". Die Köni-

gin ist "hier" die schönste, Schneewittchen ist es überall. Das vorgespiegelte
Bild ist an keine Frau gebunden - und
es trifft jede Frau: "Als die Königin das
hörte, erschrak sie und ward blaß vor
Zorn und Neid" (186). Sie "erschrak".
Das Bild trifft sie in einem Augenblick,
in dem sie weder Schneewittchen sieht
noch das vorgespiegelt Bild. Sie hört
nur den Spiegel, der in diesem Augenblick zum ersten Mal zu ihr spricht,
indem er nichts weiter ausspricht, als
einen Unterschied zwischen Bild und
Frau, der immer und überall gilt und
unaufhebbar ist. Sie ward "blaß".

Schrecken und Blässe sind durch
das Bild hervorrgerufen. Ob es über
die Königin, über Schneewittchen oder
über jede Frau ein Todesurteil verhängt
- es löst Todesschrecken aus. Keine
Frau genügt vor dem Gesetz des
Weißen, wofür genügt, daß sie vorhanden ist. Die Tötung durch das Symbolische trifft jede Frau - im Bild der Frau,
das in das einer Sau verkehrbar ist,
die abgestochen wird. "Schneewittchen" erzählt diese Frau, als sei sie
zwei Frauen, einerseits blasphemische
Stiefmutter, andererseits hörige Königin, obwohl diese Frau beides in einem
ist. Und sie wird mitten ins Herz getrof-
fen: "von Stund an, wenn sie Schneewittchen erblickte, kehrte sich ihr das
Herz im Leibe herum" (186). Sie wird
durch das Symbolische gespalten. Hier
voller "Zorn", dort voller "Neid", hängen die Aspekte ihrer in sich gespalte-
nen Position darin zusammen, daß sie
angesichts des nie gesehenen, des

immer nur gehörten, von der An- oder Abwesenheit jeder Frau unabhängigen Bildes "blaß" wird. Sie verblaßt im Todesschrecken durch sein stets aufs neue wiederholtes Todesurteil, daß keine Frau vor dem Kamera-Blick des Spiegels, durch den hindurch das Auge des Gesetzes linst, bestehen kann, außer sie ist weiß - weiß, wie im Todesschrecken.

Ist sie nicht weiß, existiert sie nicht. Dann wird sie nicht gefilmt, dann fällt sie aus dem Rahmen heraus, der nichts anderes ist, als dieses, ihr Bild quadrierendes, Todesurteil. Ob dieser Rahmen aus schwarzem Holz oder aus schwarzem Haar ist, er ist ein Sarg bei Lebzeiten. Das Haar, vor allem als Schamhaar, hat auf ihn zu verweisen, wenn es nicht mit den schwarzen Borsten einer Sau verwechselt werden will. Denn trotz analoger Reproduktionsfunktion, ist zwischen Frau und Sau ein Unterschied. Die Sau wird lebend abgeschlachtet, die Frau nicht, obwohl sich in der Sau, die in "Schneewittchen" erzählt wird, ebenso wie im Haar der Scham, ein weibliches Opfer verbirgt. Aber seine reale Tötung ist unterm Gesetz des Weißen passé, da dieses Gesetz nur eine reine Machtausübung mit reinen Waffen und Werkzeugen postuliert. Ihr Inbegriff ist das reine Auge der Kamera. Sein reiner, durch den Spiegel "tausendmal" verbreiteter Blick führt die Tötung der Frau, im Unterschied zum Abschlachten einer Sau, symbolisch durch. Ihr Bild "hier" wird vernichtet und durch ein "tausendmal" geltendes Bild ersetzt, das überall und nirgends ist - jedenfalls niemals "hier". Darum ist auch die Verletzung, die durch diese Vernichtung ausgelöst wird, niemals "hier". Ihre Wunde bei lebendigem Leib, die Mangel, Fehlen, nichts ist, wird immer schon durch ein heiles Bild ersetzt. Im Augenblick des Todesschreckens geknipst, wird es aus dem Fotoalbum des Spiegels gezogen und darüber gekleistert.

Da, wo das Blut des Opfers geflossen wäre, fließt nichts. Umso mehr schreit diese Wunde nach Blut - dies betrifft den "Zorn" der Stiefmutter, ihre Blasphemie. Gleichzeitig fixiert diese Wunde auf das Verwundende, auf das durch den Spiegel eingeblendete Bild - dies betrifft den "Neid" der Königin, ihre Hörigkeit. Da aber beide Frauen eine einzige, in Zorn und Neid gespaltene Frau sind, "kehrte sich ihr das Herz im Leib herum, so sehr haßte sie es" (186). Sie haßt "es". Sie haßt das Bild - nicht "es", Schneewittchen, das aus Fleisch und Blut nicht existiert. Aus Fleisch und Blut fällt es ebenso aus dem Rahmen wie jede Frau, die, angesichts einer anderen Frau, kein Seh-, sondern ein Hör-Bild, ein Gehorsams-Bild "erblickt". Sein Weiß im schwarzen Rahmen blendet das Rot der Wunde aus und das Verwundende ein, das, verblendet, etwas weismacht, weil es weiß ist. Es ist reine Projektion, Verhexung durch das Symbolische, das auf diese Weise Fleisch wird, von dem nur tote Organe übrig bleiben. Auf sie lädt das Gesetz des Weißen die von ihm ausgeschiedenen Farben Schwarz und Rot ab. Das rote Fleisch hat ihm, bis es schwarz wird, zu dienen: eine Farbenlehre, die der Stiefmutter das Herz im Leibe herumdreht - vor Zorn.

Vor Zorn auf das Weiße ihres Todesschreckens, der sie zur Reproduktionsfunktion toter Organe verdammt, vor Zorn auf ihren Neid als Königin, der sich auf das Weiß dieses Todesschreckens fixiert, vor Zorn auf das Weiße des Gesetzes, das sich im Weiß dieses Todesschreckens spiegelt, vor Zorn auf das ganze Pack der "Weißmacher", der Machthaber, Killer und Konzernherrn, die mittels Vorspiegelung und Wegspiegelung, mittels Aus- und Einblendung, Blendung und Verblendung etwas weismachen, was zur Schneeblindheit führt: dazu, daß vor lauter Weiß nichts mehr zu erkennen ist. Die Stiefmutter kennt das Märchen, in dem sie selbst mitspielt, und in dem ihr mitgespielt wird: "Es war einmal mitten im Winter und die Schneeflocken fielen wie Federn vom Himmel herab" (185). Sie weiß, daß dieser Anfang auch den Ablauf des Märchens und sein Ende festlegt, an dem sie in dem Maß, wie sie das eingefrorene Bild einer lebenden Toten nicht akzeptiert, in Flammen aufgeht, die ihren flammenden Zorn "widerspiegeln". Denn jede Frau, die sich mit der Gabe des Lebens bezeichnet, soll durch diese Gabe, durch ihre "Wahrzeichen" des Atems und des Bluts, die beim 'gliederlösenden' Tanz ins Kochen, ins Brodeln, in Hitze geraten, zugrundegehen: "es standen schon eiserne Pantoffel über Kohlefeuer, und wie sie glühten, wurden sie hereingebracht und sie mußte die feuerrothen Schuhe anziehen und darin tanzen, daß ihr die Füße jämmerlich verbrannt wurden, und ehr durfte sie nicht aufhören, als bis sie sich zu todt getanzt hatte" (193). Der Stiefmutter macht niemand mehr etwas weis. Das weiß sie.

Nadel

Blut, Eisen und Feuer, das sind die Grundlagen der symbolischen Ordnung, die sich in "Schneewittchen" auf die Farbenlehre Weiß, Schwarz, Rot reduziert. Die Mutter ist der tote Beweis dafür: "Es war einmal mitten im Winter und die Schneeflocken fielen wie Federn vom Himmel herab" - das Weiß, "da saß eine Königin an einem Fenster, das einen Rahmen von schwarzem Ebenholz hatte" - das Schwarz, "und nähte. Und wie sie so nähte (...), stach sie sich mit der Nadel in den Finger und es fielen drei Tropfen Blut in den Schnee" (185) - das Rot. Es tritt auf und friert ein, als ob mit dem Stich der Nadel, mit ihrem "Eisen", ein verschwiegener Todesschrecken verbunden sei, der nur insofern ausgesprochen wird, als die Mutter stirbt. Sie stirbt, so heißt es, bei der Geburt (186). Denn "weil das Rothe im weißen Schnee so schön aussah, dachte sie bei sich: Hätt' ich doch ein Kind' (185). Geburt und Tod fallen, bezogen auf dieses Kind, mit jenen "drei Tropfen

Blut" zusammen, die den Wunsch nach diesem Kind auslösen, als ob sie an der Zeugung beteiligt sind. Und da diese Zeugung eine mit Tod identische Geburt initiiert, müßte sie auch jene Nadel einschließen. Durch ihren Stich treten die "drei Tropfen Blut" aus - und fallen aus dem Fenster "heraus".

Hinter diesem Fenster sitzt die Königin, vor diesem Fenster liegt der Schnee. Die Königin befindet sich im Innerhalb und blickt durch den "Rahmen von schwarzem Ebenholz" ins Außerhalb. Hätte sie in diesem Außerhalb gesessen, dort, wo "das Rothe im weißen Schnee so schön aussah", dort, wo ihr Blut hinfällt, wäre sie "aus dem Rahmen gefallen". In diesem Außerhalb könnte ihr Blut nicht nur mit Zeugung, Geburt und Tod, sondern auch mit einem schneeweißen Laken verbunden werden, an dem sie höchstwahrscheinlich, sitzend im Innerhalb, näht, und das im Bild des Schnees erscheint. Der Stich der Nadel wäre dann der einer Nadel (obszöner Ausdruck für Penis) gewesen. Sie hätte die Zeugung auf jenem schneeweißen Laken vollzogen, obwohl die Königin "natürlicherweise" in diesem Außerhalb eines Schnee- oder Ehebetts schon vor ihrer, mit Tod identischen, Geburt erfroren wäre. Da aber im Märchen auch das, was "natürlicherweise" eintritt, dem "Übernatürlichen" geschuldet ist - warum es sonst erzählen? - könnte der, mit Geburt identische, Tod auf dieses "Übernatürliche" und seine "höhere Gewalt" verweisen: der Stich der Nadel

wäre dann keine Nadel (Penis), also keine "natürliche" Zeugung gewesen. Ist diese Zeugung aber auf "höhere Gewalt" zu beziehen, gilt, daß diese Gewalt - vor allem, wenn es die "höhere Gewalt" des Weißen ist - sich hier mit dem "Übernatürlichem" verbünden kann, das sie dort dem "Widernatürlichen", dem Außerhalb zuweist. Wäre die Zeugung also auf jenem schneeweißen Laken durch den Stich einer Nadel vollzogen worden, die keine Nadel (Penis) war, sondern eine Stichwaffe, dann wäre sie "widernatürlich". Der Ort ihres Schnee- oder Ehebetts fiele aus der symbolischen Ordnung des Weißen "heraus" - wie die "drei Tropfen Blut" aus dem Fenster.

Daß die "höhere Gewalt" des Weißen im Spiel ist, zeigen die "Federn", die "übernatürlich" vom Himmel fallen. Es sind zwar "Schneeflocken", die "wie Federn" vom Himmel fallen, aber in diesem Weiß in Weiß sind sie, wie Bett- und Schneedecke, von diesen "Schneeflocken" doch zu unterscheiden. Innerhalb des weißen Bildes fallen sie auf das Blut, das aus seinem Rahmen fällt. Und wie sie so fallen, widerspricht das Bild der "Federn" dem Bild der "drei Tropfen Blut" - und es entspricht ihm. Denn Federn und Blut gehören auch dann, wenn sie kryokonserviert sind, zu Zeugung, Geburt und Tod im Ehebett, das demnach auf verschiedene Ordnungen verweist, auf das "Übernatürliche", die Federn, und auf das "Widernatürliche", das Blut. Gleichzeitig sind diese Ordnungen, im Hinblick auf das Weiß in Weiß von Schnee und Federn, nicht klar geschieden. In dieser Unklarheit wird jedoch deutlich, daß die Federn teils mit der "höheren Gewalt" des "Übernatürlichen" im Bunde sind - teils nicht. Teils fallen sie wie Schnee von oben, von dort, wo in jedem Fall alles Gute des "Übernatürlichen" der "höheren Gewalt" herkommt, teils liegen sie unten im Schnee, dort, wo das Blut, dort, wo das "Widernatürliche" ist. Teil des Weißen und Teil des Roten, könnten die Federn blutbefleckt sein, da sie - als Federn von Vögeln - auch aufs "Vögeln" verweisen. Doch ob der Himmel die Erde, oder der Mann die Frau "vögelt", Federn und Samen sind weiß - wie Schnee. Und sollte die Frau dabei

Federn lassen, bis ihr schwarz vor Augen wird, dann fällt ihr Fall im Ehebett der Erde in jedem Fall auf sie zurück.

Darum sieht die Königin schwarz, die durch den "Rahmen aus schwarzem Ebenholz" ins Weiße blickt. Denn das Blut fällt zwischen Himmel und Erde, Mann und Frau "heraus" - das der Königin fällt eben dann nach unten "heraus", als sie nach oben zur "höheren Gewalt" des "Übernatürlichen" aufblickt. Und in dem Augenblick, der einer zwischen Himmel und Erde, aber keiner zwischen Mann und Frau ist - da die Königin alleine näht - und in dem Augenblick sticht sie sich mit der Nadel, als ob sie sich die Tötung durch das Symbolische, durch das Auge des

85

Gesetzes, selbst beibringe. Die Nadel wäre, so gesehen, eine "übernatürliche" Nadel (Phallus), die als Stachel im Fleisch der Königin sitzt, damit sie nähend, und auch sonst, ihre Reproduktionsfunktion mittels der "natürlichen" Nadel (Penis) des Mannes bei der Zeugung zwischen Geburt und Tod erfüllt. Aber wo ist der Mann für diesen Stich? Er müßte selbst dann vorhanden sein, wenn die Nadel keine "übernatürliche" und "natürliche", sondern eine "widernatürliche" Nadel (Eisen) ist - wer sonst sollte eine Stichwaffe führen, die größer als eine Nadel ist? Außerdem hätte der reale Stich dieser Waffe, als männlicher Stoß, eine symbolische Zeugung zu initiieren, die, im Augenblick der Geburt, mit Tod identisch sein müßte - was nur durch Tötung möglich ist. Die Königin stirbt als Mutter und Gattin, die folglich auch Braut gewesen ist, bei einer, mit ihrem Tod identischen, Geburt - ihr Blut fällt in den Schnee. Doch wer sticht zu?

Wird durch das "Kind", das sie gebiert, das Opfer, das mit diesem Stich verbunden sein könnte, ebenso entstellt und ausgestellt wie durch das Bild der Sau - doch, indem die säuische Entstellung rückgängig gemacht wird? Ist die Mutter selbst dieses "Kind", oder umgekehrt, gibt die Mutter an das "Kind" das Opfer weiter, das sie selbst ist? Schließt dieses Opfer eine Geburt im Tod durch eine mit Tötung identische Zeugung ein, die eine Braut zugleich zur Gattin und Mutter macht? Die Fragen erklären sich

durch einen Kult, dessen Herrschaftsform ein sakrales Königtum ist (3000 - 800 v. Chr.). Er basiert auf Wiedergeburt und Apotheose. Sein Zentrum ist ein weibliches Opfer, das sich ebenso wie den - bei der Machtablösung getöteten - Herrscher für ein vergöttlichtes Leben nach dem Tod wiedergebiert. Symbolisch ist dieser Kult als Heilige Hochzeit codiert (vgl. Gerburg Treusch-Dieter, Die Heilige Hochzeit. Studien zu Totenbraut, 1997), die Tötung ist Zeugung unter der Prämisse, daß das weibliche Blut vor und nach dem Tod Gabe des Lebens ist. Sie schließt eine von der Frau ausgehende Unsterblichkeit ein, die davon, daß die Ehe im Tod durch "Verschmelzung" des Heiligen Paars im Feuer geschlossen wird, nicht zu trennen ist. Und wenn sie nicht gestorben sind, leben sie noch heute.

Sie leben im Märchen weiter. Auch "Schneewittchen" erzählt von dieser Braut - aber entstellt. Das Opfer wird durch das Bild der Sau verstellt und ausgestellt, was der Umwertung und Entwertung dieses Opfers geschuldet ist. Sie wird durch eine bis heute gültige Bruchstelle (800 - 600 v. Chr.) markiert, in der die Prämisse des weiblichen Opfers, daß die Frau nicht nur sterbliches, sondern auch unsterbliches Leben gibt, in dem Maß gestrichen wird, wie Wiedergeburt und Apotheose abgeschafft werden. Das Heilige Paar (die Götterpaare des Altertums) erlebt einen Fall, der im Alten Testament (Judentum) und bei Hesiod (Antike) in Fallmythen nachzulesen ist.

Die bekanntesten sind der Sturz Luzifers oder derjenige der Titanen, ebenso der Sündenfall, dessen Paar Adam und Eva sich in Prometheus und Pandora wiederholt, die, wie Eva, mit Tod gleichgesetzt wird. Die Braut der Heiligen Hochzeit wird durch die "Totenbraut" ersetzt. Sie ist das umgewertete und entwertete Opfer, das im Totenkult des sakralen Königtums noch gebracht wird (Antike), obwohl es nichts mehr gilt: durch die Streichung der Gabe des unsterblichen Lebens entwertet, ist es zur sterblichen Nahrung für Tote umgewertet, die im Leben tote Nahrung ist.

Die "Wahrzeichen" dieser Nahrung sind unwahr. Sie nährt, ohne daß sie nährt. Tot bleibt tot im Totenkult, ebenso auch im Leben, da der Biß in Evas Apfel den Tod weitergibt. Ob ihn Eva Adam reicht, oder die Stiefmutter Schneewittchen, er täuscht ein Leben vor, das totgesagt ist. Die Stiefmutter "macht" (191) den Apfel selbst, als ob auch sie, wie Eva und Pandora vor dem Fall, "Leben" und "Allesgebende" heiße. Gleichzeitig ist dieser Apfel "giftig" (191) in Analogie dazu, daß Eva und Pandora nach dem Fall dem Tod gleichgesetzt sind. "Der Apfel war aber so künstlich gemacht, daß nur der rothe Backen vergiftet war" (191). Das Rot wird vom Gesetz des Weißen in dem Maß gestrichen, wie die vorhandene Gabe des Lebens nicht vorhanden ist. Sie täuscht und, umgekehrt, täuscht Schneewittchen sich. Es "lusterte den schönen Apfel an" (191),

als sei es Eva vor dem Baums des Lebens. "Und als es sah, daß die (Stiefmutter) davon aß" - sie ißt die weiße Seite, aß Schneewittchen auch davon - es ißt die rote Seite: und fällt "todt zur Erde" (191), weil der Apfel vom Baum des Lebens, nach Evas Fall, den Tod weitergibt. Die Stiefmutter kommentiert: "'Diemal wird dich niemand erwecken'" (191). Der Apfel gibt den Tod im Tod, und den Tod im Leben weiter, weshalb Schneewittchen auch diesmal als lebende Tote weiterlebt.

Die symbolische Tötung der Frau wirkt als realer Tod im Leben, wie das Gift im Apfel. Ob sie tot umfällt oder nicht, ihr Leben - das an die Stelle des Opfers tritt - wird ihr nur in dem Maß "geschenkt", wie es ihr genommen ist. Sie wird durch die "natürliche" Nadel (Penis) des Mannes hervorgebracht, die sich auf eine "übernatürliche" Nadel (Phallus), das stechende Auge des Gesetzes, beruft, dessen Nadelspitze (obszöner Ausdruck für Eichel) durch den Blick des Spiegels "tausendmal" widergespiegelt wird - bis der Stachel im Fleisch der Frau sitzt. Läßt sie dies in ihrem "Hochmut" (186) nicht auf sich sitzen, wie die Stiefmutter, die nicht nur den Sündenfall demonstriert, sondern auch die Hostie parodiert, dann wird sie als Hexe verbrannt. Weil sie sich "Lung und Leber" einer Sau bei ihrem, an die Stelle des Abendmahls gesetzten Mahl einverleibt, als seien sie der Atem und das Blut der Frau, geht sie in Rauch und Feuer auf.

Sie wird zum "Raub" der Flammen, da die Hexenprozesse der Moderne die Negierung der Frau aufs neue einschreiben, die in den Mythen ebenso wie im Märchen als "Raub" der "Totenbraut" erzählt wird, das heißt: die negierte Frau fungiert in ihrer Reproduktionsfunktion als "Raub" - analog der Sau, die der Jäger, anstelle Schneewittchens, im "wilden Wald" (186) absticht.

Wie der Schnee, in den das Blut der Königin, der Mutter Schneewittchens, fällt, ist auch dieser "wilde Wald" ein "widernatürlicher" Ort. Und in diesem Jäger ist endlich der Mann zu erkennen, der fehlt, wenn sie von einer Nadel in ihrer dreifachen Bedeutung von "natürlicher" (Penis), "übератürlicher" (Phallus), und "widernatürlicher" Nadel (Eisen) gestochen wird - denn dieser Jäger sticht zu. Doch mit welcher Nadel? Am "widernatürlichen" Ort des "wilden Waldes" kann es nur die "widernatürliche" Nadel aus "Eisen" sein, eine Waffe als Werkzeug, deren Werk zeugt. Hat er mit einer Sau gezeugt? Er hat nicht mit einer Sau gezeugt. Sein Stich trifft die Sau nur darum, weil er bei der Frau - der Königin als Mutter - in eben dem Augenblick wegzensiert ist, als diese sich selbst sticht. So gesehen, ist die Königin die Braut der Heiligen Hochzeit, die bei ihrem Opfer durch eine Zeugung, die Tötung ist, zur Mutter und Gattin eines Gatten wird, der kein Jäger, sondern ein sakraler Herrscher ist. Das "Kind", das sie im Tod gebiert, kann stets das nächste Opfer, also Mutter und Schneewittchen in einem sein, es kann aber auch diesen Herrscher bezeichnen, da das Opfer ihn und sich selbst im Tod, für ein Leben nach dem Tod, wiedergebiert, für das beide durch Feuer vergöttlicht werden. Da aber Wiedergeburt und Apotheose längst abgeschafft sind, wird dieses Zeugungs-Werk als säuisches erzählt.

Der Stich fällt da aus, wo er vollzogen wird. Doch der "Hirschfänger" (186), mit dem der Jäger Schneewittchens "Herz durchstoßen wollte" (186), weist auf den Hirsch, das Attribut des sakralen Herrschers hin. Ihm müßte zwar die Hirschkuh (Iphigenie) als Bild für das Opfer entsprechen, ein Bild, was dieses Opfer ebenso verstellt und ausstellt, wie das der Sau, aber in "Schneewittchen", einem Märchen, das "die Sau raus läßt", wird die Sau eingesetzt. Sie wird in eben dem Augenblick eingesetzt, in dem der Jäger, so gesehen, keinen sakralen Herrscher mehr bezeichnet, sondern in dem er das Gesetz des Weißen vertritt, das auf der Umwertung und Entwertung des Opfers basiert. Als ihn Schneewittchen bittet, "'schenk mir mein Leben'" (187), sagt er: "'So lauf hin, du armes Kind'" (187). Ob er es laufen läßt oder nicht, das Leben wird ihm nur insofern "geschenkt", als es ihm genommen ist. Weiß ist seine Rede des Gesetzes, schwarz sein Sinn: "Die wilden Thiere werden dich bald gefressen haben, dachte er" (187). Er geht, stillschweigend, vom "Raub" Schneewittchens durch "wilde Thiere" aus, die das Bild für jene Toten im Totenkult der einst sakralen Herrscher sind. Schneewittchen ist, so gesehen, die "Totenbraut", die diese Toten, gedeckt durch das Gesetz des Weißen, als Nahrung erhalten, die tote Nahrung ist. Die weiße Rede des Jägers verschweigt diesen schwarzen "Raub", der im Totenkult jener Toten ein "geheimes Opfer" ist (Eleusis 700 v. Chr. - 300 n. Chr.), obwohl der Jäger, so gesehen, selbst einer dieser Toten (Hades - Kore) ist, der sich das Opfer der Frau in seiner geleugneten Form als Sau besorgt, während Schneewittchen verspricht: "'Ich will in den Wald laufen und nimmermehr heimkommen'" (187).

Und wo läuft es hin? Es läuft in den Tod zu jenen Toten, die unter der Erde die "Herrn von dem Häuslein" sind, aus dem es nimmermehr heimkommen wird. Denn dieses "Häuslein" ist nicht nur ein Grab, es ist ein Opfer-Grab, in dem es nach verbranntem Frauenfleisch stinkt. Wenn sich also Schneewittchen von den aufgetischten Tellerchen, mit Gäbelchen und Messerchen, je einen Happen nimmt, dazu aus jedem Becherchen etwas trinkt, indem es sich als Essende, nicht als Gegessene erweist, dann kann es sich nur um seinen Selbstverzehr als Tote handeln, was dem entspricht, daß es als Lebende Fehlen, Mangel, nichts ist. Die "Herrn" von dem "Häuslein" sehen nichts, als sie, wie immer, heimkommen, sie sehen nur, daß etwas fehlt, daß etwas mangelt. Wer hat von ihrer Nahrung gegessen? Die Nahrung selbst? Ob Gabe oder Raub, etwas zum Fressen muß her. Eine Gegessene, die sich nicht selbst verzehrt nach dem, der sie ißt, kann man vergessen. Das würde die ehernen Grundlagen der Ehe ebenso wie die der symbolischen Ordnung des Weißen erschüttern, deren reine Macht reiner Waffen und Werkzeuge weiterhin auf diesen "Herrn", auf diesen Erzschuften und -halunken basiert, die niemand anderes sind, als die gestürzten Titanen als "Zwerge" - Göttergatten, wie sie noch heute in jedem "Häuslein" als Machthaber, Killer und Konzernherrn zu finden sind. Im Weiß ihrer Liebe, ihres Mitleids, ihrer Arbeit ist nichts zu unterscheiden. Da soll ein Opfer, da soll ein "Raub", da soll eine symbolische Tötung, da soll etwas "Übernatürliches" (Phallus) im "Natürlichen" (Penis) als "Widernatürliches" (Eisen), da soll eine Vorspiegelung falscher, und eine Wegspiegelung richtiger Tatsachen im Spiel gewesen sein? Ich bitte sie, sagt der Killer, das ist doch ein Märchen, sehen sie Schneewittchens Sarg, alles ist transparent, alles ist aufgeklärt.

[1] Brüder Grimm, Kinder- und Hausmärchen, Bd. 1, hg. Heinz Rölleke nach der Auflage 1819, Köln (Diederichs) 1982, S.185 ff, statt "Sneewittchen" im Original, wird die populäre Form "Schneewittchen" verwendet.

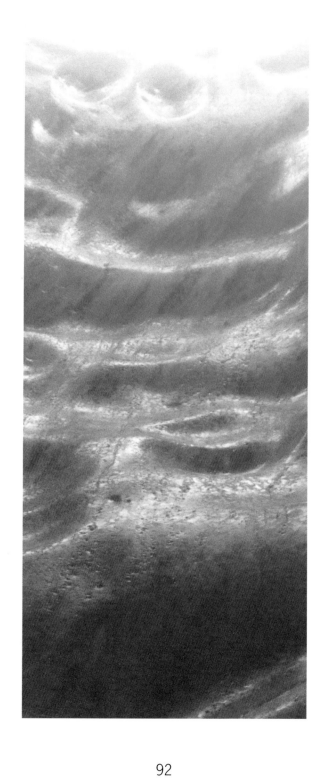

WOLFGANG PAUSER
"ICH-KRISTALL" –
DES GEISTES KRISTALLINER
LEIB – SCHNEERÖSCHEN

Schneehecke türmt sich stündlich
Keiner kommt durch ich befinde mich
abgeschnitten
Weg sind die Wege kein Mensch
Schlägt sich durch nur du kannst mich
retten
…
Kommst du und schaufelst den Schnee
Tränen im Auge und findest mich nicht
Und schlägst aus dem Eis
Ein Abbild kaufst gläserne Blumen

Sarah Kirsch[1]

Das Märchen vom Schneewittchen und das Phänomen Kristall sind miteinander verbunden durch ein ungewöhnliches Requisit, das die Struktur der gesamten Erzählung zu einem einprägsamen Bild verdichtet: den gläsernen Sarg. Denn die klassische Form des Sargs mit ihren schrägen Flächen und Kanten entspricht der eines geschliffenen Schmucksteins, während das gläserne Material dem Diamanten in seiner Durchsichtigkeit gleicht. Form und Material verbinden sich beim gläsernen Sarg zur Vision einer von Kristall umschlossenen Frau.
Daß der Sarg aus Glas angefertigt ist, wird im Märchen damit begründet, daß das tote Schneewittchen keine Verwesungserscheinungen zeigt, so daß es schade wäre, diesen aus innerstem

Wesen heraus sich selbst konservierenden Körper den Blicken zu entziehen, wie dies bei verwesenden Leichen geschieht, damit die Hinterbliebenen leichter ein makelloses Bild in ihrem Gedächtnis konservieren können.
Diese Historisierung und Bildbewahrung durchs Einsargen nimmt hier der tote Körper selbst schon vorweg, er wird zum starren Abbild seiner selbst im kristallenen Rahmen. Es scheint das Anliegen von Schneewittchen zu sein, die Tatsache, daß sich die anderen ein Bild von ihr gemacht haben werden, vorwegzunehmen und selber zum fixierten Bild werden zu wollen. Schneewittchen übernimmt die Gedächtnisfunktion der anderen und exekutiert sie an sich.
Das Bestreben ihrer eitlen Stiefmutter, im Spiegel ein perfektes Bild zu bewahren, hat sie so stark verinnerlicht, daß sie rechtzeitig, also bevor sie selbst zu einer Mutter wird, den Fluß der Zeit einfriert – um den Preis ihres eigenen Todes. Sie ist eine unfreiwillige Agentin und Überbieterin der Altersbekämpfung ihrer Mutter. Und weil Gedächtnis das einzige Mittel zur Überwindung der Zeitlichkeit ist, arrangiert sie mit ihrer Selbstmusealisierung in der Vitrine ein Gedächtnistheater, das alle realen Kühlschrank- und Mumifizierungstechnologien symbolisch

überbietet. Im Sarg verkörpert das scheintote Schneewittchen die Utopie, selber das Gedächtnis seiner selbst sein zu können. Lebendig phantasiert sie sich als Tote, als bei sich selbst Angekommene. Mit dem Sargdeckel schließt sie, in Gedanken vorauseilend, ihr Leben vorzeitig ab, jedoch nicht, um sich zum Verschwinden zu bringen, sondern um in einer spiegelnden Reflexivitätsform vollständig und transparent zu werden. Sie macht den einzig möglichen, ihre Gesamtheit umfassenden, Gedanken ihrer selbst zu einem Ausstellungsgegenstand.

Während von der Märchenerzählung die Funktion des Kristallsargs in einem Anhalten der Zeit des Verfalls begründet wird, spricht das Märchen insgesamt vom gegenteiligen Problem: Wie läßt sich zwischen Kindheit und Vermählung die Pubertätszeit überstehen? Wie läßt sich das Frauwerden aufschieben? Gegenüber dieser Frage zeigt der gläserne Sarg sein wahres Potential. Während er vorgibt, die Zeit des Verfalls einzufrieren, dient er primär dem Aufschub des Erblühens. Was die Psychoanalyse "Latenzzeit" nennt, wird in ihm dinglich anschaubar.

In der vergleichenden Märchenforschung wurde Schneewittchen oft in Analogie zu jenen häufig vorkommenden Pubertätsritualen gesehen, die für den problematischen Übergang vom Kindsein zum Frausein eine dazwischengeschobene Phase des Exils vorsehen, etwas wie eine Auszeit, einen rituellen Ausnahmezustand. Das den Mythos in Gang bringende Bild vom roten Blutstropfen, der in den Schnee fällt, deutet auf diesen Zusammenhang der beginnenden Geschlechtsreife. Desgleichen die asexuelle Zwergenfamilie im Waldhäuschen, die ihr mythologisches Vorbild hat in der archaischen Institution des Internats für Frühpubertierende[2]. Im gläsernen Sarg gerinnt das Ritual, aus dem Zeitfluß des normalen Lebens zum Zweck der Bewältigung eines Übergangs kurzfristig herauszutreten, zu einem starren Bild.

In dramatischen Übergansphasen wird Identität zum Problem. Weil die soziale Identität im Wechsel vom Tochterstatus zum Frau- und Mutterstatus keinen Halt bietet, tritt der Körper als Identitätsgarant in den Vordergrund. Doch auch dieser erweist sich in seiner Integrität nun als gefährdet. Die Körpergrenze verliert als Ichgrenze ihre Verläßlichkeit, sie wird von mehreren Entgrenzungsprozessen bedroht. Das austretende Blut, das Haar schwarz wie Ebenholz, der nahende Prinz nehmen der perfekt-schneeweißen Außenhaut ihren undurchdringlichen Charakter. Als zur Schönheit erblühende Haut verliert diese die Qualität einer das Ich und das Innen stabil ummauernden Festung und verwandelt sich zu einer Einladung an die Männer als ihre Durchdringer. Im Spiegelbild erkennt das erblühende Mädchen mit Schrecken die neue Adressiertheit ihrer Haut an einen fremden Blick. Mit der Unberührbarkeit und Unschuld des

Kindes ist es vorbei. Die "makellose" Haut erhöht die Angst vor ihrer Versehrung und führt das Gegenbild des zu erwartenden Makels schon im Wort bei sich. "Weiß wie Schnee, rot wie Blut, schwarz wie Ebenholz": die Farbmetaphorik führt scharfe Gegensätze zusammen, läßt blühendes Leben, Verletzung und Tod ständig ineinander kippen. Schneewittchen erlebt eine serielle Abfolge von Toden und Wiedererweckungen. Der gläserne Sarg gibt diesen Erzählfiguren des Scheintotseins eine äußere Hülle und Anschauungsform.

Doppelt gefährdet ist die Körpergrenze als metaphorische Stütze der Ichgrenze in pubertärer Zeit: Neben ihre sexuelle Durchdringbarkeit tritt die Veränderung der äußeren Form, der Wandel der Figur. Hautdurchdringung und Figurwandel sind miteinander verbunden im Thema des Essens. Der Eßvorgang wird von einer sexuellen Metapher befallen, denn da wird etwas in den Körper hineingenommen, was die Figur verändern könnte, was einen Bauch zur Folge haben könnte. Schon die Empfängnis des Schneewittchens wird im Bild einer Hautverletzung erzählt – ihre Mutter sticht sich mit einer Nadel in den Finger. Bei der Ankunft im Zwergenhaus wird sodann das Nahrungsproblem dramatisch: "Wer hat von meinem Tellerchen gegessen? Wer hat mit meinem Messerlein geschnitten, wer hat von meinem Becherchen getrunken?"

Im Zwergenhaus herrscht eine genaue Ordnung und Rationierung der Nahrungsaufnahme, jede kleinste Abweichung wird bemerkt. Auch das Körperwachstum wird problematisch, denn Schneewittchen paßt in keines der Zwergenbettchen hinein, paradoxerweise sind die Betten abwechselnd zu lang und zu kurz. Am Bettenthema wird rasch klargemacht, um welche Vermeidung es geht. Auch als einzige Frau unter sieben Männern teilt Schneewittchen mit keinem das Bett. Vielmehr legen sich die Zwerge brüderlich zusammen, damit Schneewittchen abgesondert bleibt. In diesem Erzählabschnitt werden die Zwerge als klösterliche Entsexualisierungsgemeinschaft eingeführt, in welcher ein obsessives Regime der Ernährung und der Sauberkeit herrscht. Umjubelt vom Kastratenchor der Verkürzten tritt Schneewittchen in eine Existenzform ein, in der die Regulierung der Körpergrenze das ganze Anliegen ist. Die Außenwelt trägt Verführungen und Vergiftungen an das Mädchen heran, sie aber darf niemanden ins Häuschen einlassen, muß alles rein halten und den asexuellen Zwergen, den Repräsentanten ihrer eigenen Kindheitsform, die Treue halten.

Diese Existenzweise der bereinigten und gesicherten Körpergrenze findet im gläsernen Sarg ihre bildliche Überhöhung. Der scheintote Zustand ist dadurch gekennzeichnet, daß ein Leben ohne Stoffwechsel als möglich erscheint. Das phobische Verhältnis zum Stoffwechsel zeigt die Identität-

problematik der Übergangsphase deutlich an. Nahrungsmittel, Verunreinigungen, Blutungen und geschlechtliche Vereinigungen, kurz alles, was die Hülle der Haut durchdringt und ihren die innere Einheit definierenden Grenzstatus gefährdet, weist das Schneewittchen von sich. Das Blut soll aus der Haut weichen, kalt und starr wie Eis soll sie werden. Die schneeweiß vereiste Haut fordert die sinnreiche Erfindung der Zwerge, einen gläsernen Sarg zu bauen, geradezu heraus, ist sie doch selbst wie aus Glas, eine für Stoffe undurchdringliche Trennung, die das Getrennte doch nicht zum Verschwinden bringt. Der Glassarg ist die Verdinglichung des aufgeschobenen Stoffwechsels, Körperwechsels, Identitätswechsels und der Geschlechtervereinigung. Die von der pubertierenden Haut signalisierte Bereitschaft, sich zu verströmen, sich zu öffnen, zu erröten, anzuschwellen und sich anderen Häuten gegenüber zu entgrenzen, ja sich mit fremden Wesen zu vermischen, wird von der gläsernen Zweithaut abgefangen. Im Zwergenreich läßt sich die Kindheitsidentität mithilfe einer kristallenen Tiefkühltruhe noch eine kurze Etappe lang einfrieren. Wie ein Raumschiff in einer intergalaktischen Warteschleife unternimmt Schneewittchen eine kleine Reise ins Zwischenreich von Leben und Tod, eine Reise ins Reich der gefrorenen Zeit. Die geschlechtsmetaphorische Aufladung des Essens als Bauchfüllung zeigt sich im Märchen in mehreren

Sequenzen. Neben der schon erwähnten Paranoia-Reaktion der Zwerge auf das bloße Berühren ihrer Eßgerätschaften tritt hier das "Schnürband" des Mieders als todbringende Verschlankungstechnik in Erscheinung.

Unschwer erkennen wir in dieser Episode ein Symptom der Magersucht als Antwort auf die mütterliche Totalisierung des Narzißmus vor dem "Zauberspiegel". Doch auch die Bulimie[3] findet hier eine frühe Andeutung, denn das Erbrechen des von der Mutter stammenden und daher vergifteten Apfels weist als Symptombildung den Ausweg aus der Erstarrung in der Falle des Selbstverschlusses, aus dem toten Leben in der Himmelsgruft der Selbstidealisierung.

Der Apfel, zur Hälfte vergiftet, zur Hälfte genießbar, zeigt in seiner Ambivalenz zum guten und bösen Objekt, daß die geschlechtliche Verführung mit einer Todesdrohung behaftet ist. Als Verkörperung einer problematisch gewordenen Nahrung dringt er nicht vollständig in den Körper ein, sondern nur halb und verwandelt diesen in einen halb toten und halb lebendigen. Apfel und gläserner Sarg entsprechen einander in der Erzählung strukturell als Formen der verfestigten Gegensätze: Tot und lebendig, giftig und verführerisch, verschlungen und ausgespien. Stoffwechsel mit Fremdkörpern ja oder nein, das ist die Achse der Oppositionen, die das Märchen organisiert. Der Glassarg ist darauf die verneinende Antwort. Verständlich auch, denn

der erste Mann im Leben Schneewittchens ist der Jäger, der es im Auftrag
der Mutter mit dem "Hirschfänger"
erstechen soll, sodann ihm Leber und
Lunge aus dem Leib schneiden, damit
die Stiefmutter die Organe auffressen
kann. Ein Jack the Ripper und eine kan-
nibalistische Mutter bahnen Schneewittchens Fluchtweg in die autoeroti-
sche Nekrophilie. Das idealisierte
Leichenschauhaus, ein Ort der Unan-
tastbarkeit, bildet den mythischen
Gegenpol zu den leiblichen Lüsten des
Durchdringens und Verschlingens, des
Durchdrungenwerdens und Verschlun-
genwerdens, die Schneewittchen selber in sich aufkommen spürt und von
sich weist. Wenn die ersten Blutstropfen in den Schnee fallen und der
Jägersmann seinen Hirschfänger
zückt, um den inneren Organen des
Mädchens beizukommen, was wäre
naheliegender, als sich in ein brillantes
Schneckenhaus des eigenen Selbst, in
einen kristallenen Sarg zurückzuzie-
hen? Totstellen, Kind bleiben, Unschuld
bewahren und das Schlimmste, den
Tod und die Selbstauflösung, antizipie-
ren, damit dies nicht eintrete?
Doch die süße Poesie aller Verneinun-
gen liegt darin, daß sie das Abgewie-
sene beinhalten wie der Schneewittchensarg das blühende Leben. In der
Geste des Abwehrens bleibt kenntlich,
wogegen sie gerichtet war. Der insze-
nierte Tod gerät damit insgeheim zur
Beschwörung eines ins Höchste
gesteigerten Lebens. Einer Lebendigkeit, die ihren eigenen Tod in sich auf-

zuheben vermöchte, indem sie absolut
gesetzt, vom Prozessualen gereinigt
und in eine Realabstraktion ihrer selbst
transformiert wird.

Der Scheintod ist eine Überbietung
des Lebens und als solche von
Schneewittchen erwünscht und erson-
nen. Weder der Todeswunsch der
bösen Mutter noch die lüsternen Blicke
der Zwerge und Prinzen sind für die
Aufbahrung und Zurschaustellung einer
objekthaften weiblichen Schönheit verantwortlich zu machen. Das Motiv,
dem eigenen Begräbnis beizuwohnen,
ist eine kulturhistorische Universalie
und nicht, wie ein feministisches
Erkenntnisinteresse dies als Opferapri-
ori will, auf Frauen beschränkt. Weil
das Absolute nicht als Prozeß der kon-
tinuierlichen Selbstauflösung und

Selbstverbrennung, wie es das körperliche Menschenleben nun einmal ist, denkbar ist, eilt die Reflexion dem Endstadium voraus, um es imaginär zu überholen und sich damit in ein Bild des Ganzen einfangen zu können. Man will sich hinter sich gebracht haben, den Rückblick vorwegnehmen, um ganz man selber zu sein – ein Phantom der Identität. Dieses Phantasma ist eine Folge des Reflexionsvermögens, das im Falle des gegenständlichen Mythos den Körper nicht außen vor lassen will, sondern im Gegenteil, diesen als Pseudoleiche zum Medium der reflexiven Selbsteinholung bestimmt. Schneewittchen tut nichts anderes als jemand, der seine eigene Biographie verfaßt oder eine Büste seiner selbst in Bronze gießen läßt, als Totenmaske vorweg. Die Stelle ihres Gesamtbildes will Schneewittchen selbst besetzen. Ihr Körper soll zugleich seine eigene Repräsentation sein, ihr vom Stoffwechsel befreiter Leib damit ein rein geistiger werden. Das Glas ist eine Zweithaut, die mit ihrer Geschlossenheit das Ideale von den Vermischungen des Realen absondert, das Prozessuale stoppt, Reinheit und Unversehrtheit garantiert und den Signifikanten mit dem Signifikat zusammenfallen läßt. Der gläserne Sarg ist ein Bild für den Körper in einem kristallinen Stadium, für eine mineralogische Existenz. In dieser ist Leben gleichgesetzt dem feurigen Funkeln eines toten Steins, das jedoch nie vergeht. Der kristalline Leib entspricht exakt dem Phantasma des absoluten Geistes: sich in sich selbst eingeholt und aufgehoben zu haben. Das Futur Perfekt als zeitigende Seinsweise des Subjekts wird in kristalliner Form manifest: Ich bin die, die ich gewesen sein werde, sagt Schneewittchen. Kristallisation heißt Selbstreflexion am eigenen Leibe.

Im Hinblick auf die Allgemeinheit der Leib-Geist-Problematik ist es kein Wunder, daß neben dem weiblichen Bild des Schneewittchens auch das Bild des kristallumschlossenen Mannes in der Kunstgeschichte immer wieder vorkommt. Aus dem 17. Jahrhundert stammt der "Diabolus in Vitro", eine in einem Kristall befindliche Teufelsfigur (sie befindet sich im Kunsthistorischen Museum Innsbruck). In der ersten Hälfte des 20. Jahrhunderts ist der kristallisierte Mann ein häufiges Motiv[4]: Paul Klee ("Ich-Kristall", 1915), Lyonel Feininger, Alberto Giacometti, Michail Matjuschin in seinem "Selbstporträt Kristall", Salvador Dalí und Jacques Villon, aber auch Edvard Munch ("Zum Licht hin", 1926), Gino Severini, Bart van der Leck und Antonin Prochazka variieren das Thema vom kristallenen Mannsbild.

Die jüngste Karriere des Motivs findet im Genre des Science-fiction-Films statt. Prominent erscheint es in Stanley Kubricks "2001-Odyssee im Weltraum": Die Mannschaft liegt in gläsernen Särgen im Raumschiff und wird nach absolvierter Zeitreise von einem frei im Weltraum schwebenden Kristallstein in ein neues Leben übergeführt. Seither gehört die stets gläserne Menschentiefkühltruhe als Standardausrüstung eines Raumschiffs zu jeder SF-Fernsehserie. Man kann sogar sagen, das beliebte Filmmotiv des Raumschiffs selbst sei so etwas wie ein vergrößerter und technisierter Schneewittchensarg, die Mannschaft ähnlich der Zwergenschar eine ewig puerile, sterile und fleißige Kastratenhorde, der alles Irdische fern liegt: Raumschiff Enterprise!

Die Idee des Scheintods, wie sie der lebendig funkelnde tote Kristallstein verkörpert, schließt das Noch-nicht-Leben der Jungfrau mit dem Nicht-mehr-Leben der frisch Verstorbenen kurz und läßt die Vermischungs- und Auflösungsprozesse dazwischen entfallen. Von den Randpunkten her wird das Leben als ganzes und ideales repräsentiert. Der Begriff der Perfektion benennt am genauesten, worum es dem Schneewittchen, seinem Sarg und jedem Schmuckstein geht. Perfekt heißt wörtlich vollendet. Die mit der Ankunft aus der Erinnerung gewonnene Fülle der Präsenz saugt die Zeitlichkeit in sich ein, wehrt die Vergänglichkeit ab. Wie ein gläserner Sarg ist ein Schmuckstein ein stabiler Zweitkörper, der in den Übergängen und Wechselfällen des gelebten Lebens für Identität sorgt und mit seinem Lichtleben beweist, daß er den Tod schon hinter sich hat und besiegt hat. Er steht für ein imaginäres Leben, das sich in der Makellosigkeit halten könnte, indem es

Identität und Idealität zu einem kristallenen Kern verschmilzt. Den Prozeß des Verliebens, der dem Prinzen widerfährt, als er die verabsolutierte Schönheit erblickt, will der Schmuckstein einfrieren zu einer idealen Liebe, die alle Zeitlichkeit besiegt.

Quellenangaben

[1] Sarah Kirsch: Schneeröschen. In: Hundert Gedichte. Ebenhausen bei München 1985. Zit. nach: Katalin Horn: Bilder des Todes in der Dichtung Märchen und in der Märchendichtung. In: Tod und Wandel im Märchen. Internationaler Märchenkongreß der Europäischen Märchengesellschaft 1989, Salzburg 1990, S.50.

[2] "Bei einigen Stämmen wurde das Mädchen vor der Menarche in einer sogenannten Pubertätshütte in harter, oft unterirdischer Gefangenschaft abgesondert und mußte dort einige Zeit, nur von einer alten Frau des Stammes betreut, bei strengem Fasten zubringen. Nach Beendigung dieser initiationsähnlichen Phase, in der das Menstruationsblut wegen seiner angeblich unfruchtbar machenden Wirkung nicht die Erde berühren durfte, konnte das Mädchen in den Stand der jungen Frauen aufgenommen werden, wobei der erneuerte Zustand als Resultat einer symbolisch durchgeführten Tötung und der darauf folgenden Wiedergeburt verstanden wurde." Edith Lotzer: Die destruktive Macht der Familie in den Kinder- und Hausmärchen der Brüder Grimm. In: Tod und Wandel, a.a.O., S. 113f

[3] Zum Zusammenhang von Bulimie und Schneewittchen vergl. Cordula Keppler: Bulimie. Wenn Nahrung und Körper die Mutter ersetzen. Hamburg 1995, S. 55ff

[4] Vergl. Regine Prange: Das Kristalline als Kunstsymbol – Bruno Taut und Paul Klee. Hildesheim 1991, sowie Roland März: "Kristall – Metapher der Kunst. Geist und Natur von der Romantik zur Moderne", Ausstellungskatalog der Lyonel Feininger Galerie Quedlinburg 1997

MIEKE BAL
SELBSTPORTRÄT IN EINEM FACETTIERTEN SPIEGEL

Wenn zutrifft, daß Märchen den Fragen, Obsessionen und Ideologien einer Kultur fiktionale Form geben, dann stellt das Märchen von Schneewittchen der westlichen Kultur eine besonders beunruhigende Diagnose aus. Während das Handlungsgerüst vielen anderen Märchen nicht unähnlich ist, weisen wenige Geschichten solch eine unverblümte ausschließlich frauenfeindliche Dynamik auf. Die beschränkte Besetzung mit Charakteren – im Grunde ein Mann und zwei Frauen – reduziert sich weiter, wenn wir uns klarmachen, daß der König, Schneewittchens Vater, kaum anwesend ist. Er hebt keinen Finger um auszuhelfen, wenn seine Frauen nicht miteinander auskommen. Was bleibt, ist die Geschichte zweier Frauen; die eine dem Altern unterworfen und der Bedrohung, die dies für ein Leben darstellt, das durch physischen Wert bestimmt ist, die andere von ewiger Schönheit, doch vom Geschehen ausgeschlossen. Die eine aktive Ränkeschmiedin und Intrigantin, die andere ein passives Objekt von Haß (ihrer Stiefmutter), Liebe (der Zwerge) und ästhetischer Bewunderung, schließlich Lust (des Prinzen); zwei Frauen, auseinandergerissen durch mörderische Rivalität. Der scheinbar lohnende Schluß – von nun an glücklich weiterzuleben – verspricht bloß Wiederholung und die melancholische Einsicht, daß

Stagnation, Verfall und Tod natürliche Begleiterscheinungen einer Schönheit sind, die als unveränderlich, objektiviert und nur zum Nutzen anderer definiert ist.

Wenn es gleichfalls wahr ist, daß die wissenschaftlichen Interessen einer Kultur zugleich verräterische Zeichen der Obsessionen ihrer hauptsächlichen Praktikanten sind, dann sollte Bruno Bettelheims Interpretation des Spiegelmotivs in dem Märchen als Zeichen für Narzißmus – ein Echo von Freuds Sicht der Frauen – nicht unbemerkt bleiben. Das psychoanalytische Interesse an Märchen stand traditionell in völliger Übereinstimmung mit der unterdrückenden Moral der Märchen, und Bettelheims Schneewittchen-Kommentar ist keine Ausnahme. Mehr als das Überleben der kulturellen Erbschaft der Vergangenheit, die dieses Märchen verkörpert, muß man sich daher die ernsthafte Billigung seines infektuösen Gifts durch maßgebliche Stimmen der Gegenwartskultur vornehmen.

Wie schon vor langem bemerkt wurde, besitzt der Spiegel, in den die unsichere Stiefmutter sieht, um zu fragen, ob sie immer noch den (männlichen) Anforderungen genüge, auch eine Stimme, und diese Stimme sollte eher als die des Königs identifiziert werden, d.h. des Richters über Schönheit in der patriarchalen Kultur, denn als ein anderer Aspekt der Königin-Stiefmutter selbst. Der Spiegel ist damit ein wichtiger Schlüssel zu der Geschichte und ihrem Nachleben in einer von Geschlechter-Ungerechtigkeiten durchdrungenen Kultur. Obwohl das Objekt, das sie konsultiert, ein Instrument narzißtischer Selbstbetrachtung sein kann – und in diesem Fall tatsächlich ist –, ist es weit öfters die angsterzeugende Konfrontation mit dem Urteil Außenstehender, die sich dort darstellt.

Aus diesem Grund ist ein wichtiger Schlüssel zu dem Stück, die Stimme als genau zu jener sozialen Gruppe gehörig zu identifizieren, die sich aus den Konfrontationen und Kämpfen des Märchens davongestohlen hat – der Gruppe, die durch den König repräsentiert wird, also das gute alte Patriarchat. Denn das Wiedererkennen des kulturellen Sprechers in dieser Stimme, welche das mörderische Wüten der Stiefmutter in Gang setzt, öffnet den einengenden, erstickenden Rahmen, in den beide Frauen eingesperrt worden waren, nicht nur als weibliche Figuren, sondern auch, narratologisch gesprochen, als einzige Aktanten in einem Plot aus Wut und Zerstörung. Die Stimme, die hinter dem Spiegel heraus zurückspricht, ist das symmetrische Gegenstück des Prinzen, der durch den Glassarg schaut, in dem die Gewinnerin des Schönheitswettbewerbs, absolut passiv und zugänglich gemacht, darauf wartet, ins Leben zurückgeküßt zu werden – als Duplikat ihrer Schwester, der Schlafenden Schönheit.

Viele heutigen Werke der Kunst und Literatur versuchen das Märchen neuzuschreiben, um dessen manipulative Ideologie anzuklagen und Strategien des Widerstands oder Alternativen zu ihr anzubieten. Ein wichtiges und zurecht berühmtes Werk dieser intertextuellen Tendenz ist die Arbeit Mirror, Mirror der amerikanischen Fotografin Carrie Mae Weems von 1990. Wie ich an anderer Stelle erklärt habe, ist diese Arbeit das Bild einer Stimme: einer Stimme des Anderen und einer Stimme zum Anderen (Abb. 1). Als ob die abstrakte Charakteristik "rassischer" Kategorien unterstrichen werden sollte – einschließlich jener, die Schneewittchens Schönheit definiert –, ist die Fotografie, wie die meisten von Weems' Fotografien, in schwarzweiß gemacht.

Wie Kaja Silvermans Werk in solcher Tiefe erklärt, reflektiert laut Lacanscher Psychoanalyse der Spiegel das Selbst zurück auf das Subjekt und ermöglicht damit die Formation einer Subjektivität, die in der kulturellen Welt existieren kann. Aber Weems' Spiegel scheitert genau darin. Die reflektierte Gestalt ist nicht die junge Frau, die den Spiegel hält, sondern eine Kreatur, die in sowohl geschlechtlichen als auch "rassischen" Begriffen mehrdeutig ist. Die "Rassenidentität" der Figur im Spiegel ist unklar. Er oder sie mag schwarz sein, es ist schwer zu sagen, aber kulturell oder ideologisch ist er/sie weiß; während er/sie den weißen Helm des – massiv männlichen – Kolonisators

**LOOKING INTO THE MIRROR, THE BLACK WOMAN ASKED,
"MIRROR, MIRROR ON THE WALL, WHO'S THE FINEST OF THEM ALL?"
THE MIRROR SAYS, "SNOW WHITE YOU BLACK BITCH,
AND DON'T YOU FORGET IT!!!"**

trägt, halbverborgen vom Schleier oder von der Maske der Täuschung, spricht seine/ihre Stimme wie die böse Stimme, vielleicht die Stiefmutter des Märchens, aber nicht länger sie allein.

Dasselbe kann vom Geschlecht der Kreatur gesagt werden.
Und um die Macht solch kultureller Gemeinplätze zu unterstreichen, erinnert die Fotografie durch ihren Text

und das Großformat an kommerzielle Poster und die visuelle Umwelt der Populärkultur. Die interdiskursive materielle Position der Arbeit macht uns darauf aufmerksam, wie wichtig es ist, ernst zu nehmen, was populäre Märchen wie jenes vom Schneewittchen unseren Kindern gegenüber propagieren. Weems Arbeit ist kraftvoll, genau weil sie das heimtückische Märchen auf allen Ebenen ihrer eigenen Existenz in Angriff nimmt: ihrer Ästhetik, ihrer Materialität, ihrem kulturellen Format und ihrem Adressieren von Betrachtern, die auch Leser sind – Leser dieses Textes nur dann, wenn sie Leser von Schneewittchen sind oder in irgendeinem historischen Moment waren.

An dieser Stelle möchte ich meine Gedanken zur gegenwärtigen Relevanz dieser ideologischen Erzählung fortsetzen, insofern Weems' Fotoarbeit mir geholfen hat, sie zu artikulieren. Wie dort bin ich am Spiegel als Instrument der Rahmung interessiert, weniger an seiner Stimme als an seiner gläsernen Materialität als transparentes und doch opakes Werkzeug. Dieser Aspekt ist wichtig, wie ich annehme, und sei es nur, weil Weems ihn verworfen hat in einer absichtlichen Weigerung, dem vom Spiegel geäußerten rassistischen Diskurs Selbstreflexion einzuschreiben. Weems' Spiegel hat kein Glas; er ist ein leerer Rahmen. Meine Frage ist, ob das tatsächliche Material, der Glasspiegel als ein Motiv in der Kunst, dazu verurteilt ist, die Selbstreflexion zu wiederholen, welche Subjekte beschädigt, die negatives Feedback vom sozial geformten Spiegel erhalten, in dem sie nach Selbstbestätigung suchen. Besonders bin ich daran interessiert, wie der Spiegel einen Fluchtweg bieten kann, wenn auch einen engen, aus einer solipsistischen Selbstreflexion in eine Selbstreflexivität, die für die Kultur von Belang ist, die solche Märchen kultiviert.

Das uralte Motiv des Spiegels, so beliebt und verbreitet in der Barockkunst, gibt ein Werkzeug an die Hand, das nicht nur kulturelle Gemeinplätze zu hinterfragen erlaubt, sondern auch die wissenschaftlichen Theorien, in die diese Gemeinplätze wie "natürlich" eingeführt wurden. Darunter sind Kunsttheorien und Psychoanalyse besonders für Befragung offen. Denn es ist dort, wo Kulturtheorie heute am stärksten artikuliert wird. Als Feministin, die an Literatur und Kunst interessiert ist, habe ich von früheren Studien zur Barockkunst und von gegenwärtigen Antworten auf diese – einschließlich Weems' Mirror, Mirror – gelernt, daß der Spiegel als ein Motiv in der Kunst verwendet werden kann, nicht um kulturelle Gemeinplätze, einschließlich wissenschaftlich akzeptierter, zu wiederholen und zu stärken, sondern um sie im Gegenteil zu hinterfragen und herauszufordern.

Mein Beispiel hier ist eine Skulptur der in der Tschechoslowakei geborenen, kanadischen Künstlerin Jana Sterbak mit dem Titel Inside, ebenfalls von

1990. (Abb. 2) Nichts in dieser Arbeit – weder ihr Titel noch figurative Hinweise – drängt das Schneewittchen-Thema zu ihrer Interpretation auf. Es mag sogar zweifelhaft sein, daß eine solche Interpretation den eigenen Vorstellungen der Künstlerin von ihrem Werk entspricht. Aber genauso wenig wissen wir, was die ersten Erzähler des Märchens im Sinn hatten oder die Gebrüder Grimm oder die Mütter und Väter, die diese Geschichte ihren Kindern vorlesen. Es dreht sich in der Kunst und in anderen kulturellen Ausdrucksformen nicht so sehr darum, was der Autor gemeint hat, als darum, wie das Werk in seine kulturelle Umwelt hineinpaßt, sie verstärkt oder ihr widersteht.

In der westlichen Kultur ist ein Werk, das einen dermaßen zentralen Gebrauch des Spiegels macht, mit einem ganzen Netzwerk von Fällen von Spiegeln in erzählerischen und visuellen Werken verknüpft. In diesem Netzwerk besetzt Schneewittchen einen prominenten Platz. Genauso wie zum Beispiel Venus, Gegenstand vieler Gemälde, die weibliche Eitelkeit abbilden, oder der Spiegel in Stilleben als Warnung vor dem Verstreichen der Zeit. Seine Bedeutungen sind weitreichend und ambivalent. Die Mehrzahl diese Bedeutungen und die Mehrzahl der Fälle, in denen Spiegel auftreten, betrifft jedoch Frauen.

Es ist also lohnend, den Spiegel ernst zu nehmen, aber nicht als selbstverständlich zu betrachten. Selbst in der Psychoanalyse steht der Spiegel in letzter Zeit weniger für (nach Freud wesentlich weiblichen) Narzißmus als für die erste Begegnung mit dem Selbst im Raum. Lacans Erzählung vom Spiegelstadium, die ich wie das Märchen für ein weiteres dieser grundlegenden Narrative halte, erzählt, wie das mit dem Spiegel konfrontierte Kind sich selbst als ganzes sieht, doch auch imaginär im dreifachen Sinn: visuell, in Distanz zum Körper mit seinen Sinnen und verkehrt. Es ist der Lacansche Spiegel, den Weems' Fotoarbeit vor den Kadi ruft, wobei sie die rassistische Kultur anklagt, das Grundgesetzt der Psychoanalyse mißachtet zu haben: Du sollst für das Kind Sorge tragen.

Diese ursprüngliche méconnaissance mag Subjektivität im Irrtum gründen; sie gründet sie auch in dem Rahmen, der vom Sorgetragenden konstituiert wird, üblicherweise der Mutter, die das Kind dem Spiegel entgegenhält und deren Gesicht und Körper sich demselben Blick darbieten. Dieser Rahmen hat die Aufgabe, das Kind mit dem positiven Feedback zu versogen, das erforderlich ist, um eine gute, lebensfähige Subjektivität zu formen.

In den Begriffen von Lacans Erzählung muß ein wichtiger Unterschied zwischen ihr und Schneewittchen herausgestellt werden. Es ist erwähnenswert, daß in der Geschichte von Schneewittchen das junge Mädchen nie in den Spiegel sieht. Nur die Stiefmutter, die die Aufgabe hätte, das Kind mit positivem Feedback zu versorgen, verwendet den Spiegel ihr selbst zuliebe und wird von ihm gescholten. Das bringt zwei Probleme an den Tag. Wenn die Geschichte eine Geschichte von Bildung (dt. im Original) ist, dann wird die Funktion des Spiegels nicht direkt in Schneewittchens Namen aktiviert, sondern geht durch die Frau der vorhergehenden Generation, die (Stief-)Mutter. Zweitens macht die Tatsache, daß die Stiefmutter in den Spiegel sieht, aber Schneewittchen durch die Antwort des Spiegels verurteilt wird, die generationsübergreifende Übermittlung des Urteils zu einer noch engeren, einengenden Identifikation. Das verkleinert die Distanz zwischen den beiden weiblichen Figuren, selbst wenn der Haß der einen gegenüber der anderen mörderische Dimensionen annimmt.

Unter dem Aspekt der großen Bedeutung der von Weems' Neubearbeitung der Geschichte aufgeworfenen Fragen für die heutige Gesellschaft frage ich mich, ob von dem Märchen gesagt werden könne, es handle nicht "von" Lacans Subjektformation oder ob es nicht andere Formen gibt, durch die das Lacansche Thema – die Institution von Subjektivität durch positives Feedback – in ihr funktioniert. In diesem Sinne werde ich Sterbaks Skulptur auf einen Hinweis darauf befragen, wie die Geschichte letztlich mit dem Lacanschen Spiegel verbunden werden kann – in Begriffen, die für die heutige kulturelle Welt von Bedeutung sind.

Um die Bedeutung der Mutter zu bemessen, die das Kind vor dem Spiegel hochhält, Bewunderung als Teil des Bildes ausstrahlend, welches das Kind als das Selbst erkennt, müssen wir uns nur eine Geschichte vorstellen, in der dieser Prozeß gut funktioniert – zu gut, in Wahrheit. Wir alle kennen diesen anderen populären Fall der Spiegel-Erzählung. Wie im Fall eines traditionellen Christus-Kindes ist der erste Anblick, den das Kind vom Selbst hat, wie der jenes göttlichen Kindes, das von der Madonna, wie sie unzählige Künstler dargestellt haben, gehalten wird. Das Christus-Kind, allgemein bewundert, gehalten von einer Mutter, die ihren gesegneten Status von diesem Kind ableitet, ist das Positiv zu Weems' Negativ, dem Kind, das solch fortgesetztes Feedback erhält, daß es zur göttlichen Person werden kann. All die wundervollen Gemälde und Skulpturen, die das Schatzhaus der westlichen Kultur ausmachen, sind wie viele Spiegel, die ihren Bewunderern ein Beispiel von jener Art Feedback zeigen, mit dem das Kind gedeiht. Überflüssig zu sagen, daß es in diesem positiven Fall darauf ankommt, daß das Kind männlich ist.

Doch statt auf symbolische Interpretation abzuheben, scheint es wichtig darauf hinzuweisen, daß der Spiegel auch ein materielles Objekt ist, aus Glas gemacht, auf einer Seite schwarz bemalt. In der Erzählung ist es eines der wenigen Objekte, die die Welt konstituieren, in der Ereignisse stattfinden. Die kristalline Qualität des Spiegels, zu dem die Stiefmutter spricht und von dem sie abgewiesen wird, wiederholt sich in den zwei anderen Objekten des Märchens: dem Fenster, das Schneewittchens wirkliche oder gute Mutter vor der Geburt des Mädchens rahmt, und dem Sarg, der die erwachsene Schönheit nach ihrem (augenscheinlichen) Tod rahmt – oder nach ihrer Unterwerfung unter passive Weiblichkeit. Das zweite dieser Objekte, der Sarg, taucht in Sterbaks Skulptur auf. Vor Schneewittchens Geburt sitzt die Königin, seine Mutter, spinnend und webend hinter einem Fenster, dessen Sims schwarz ist. Durchscheinendes Glas, das von Ebenholz gerahmt wird, ist das Gegenstück zum Spiegel des reflektierenden – nicht-transparenten – Glases, dessen Rücken schwarz ist. Das Kind, das sie tragen wird, ist die Frucht von Metonymie: Es ist weiß wie der Schnee vor dem Fenster, ihre Lippen sind rot wie das Blut, das zu seiner Empfängnis führt, wenn die Königin sich in ihren Finger sticht, und ihr Haar ist schwarz wie der Fenstersims, der die Königin rahmt. Wenn der Schnee räumlich an die Mutter grenzt und das Blut körperlich, dann ist der schwarze Fensterrahmen ein Container, in dem sie aufgehoben, gefangen ist. Damit ist das Fenster funktional identisch mit dem Spiegel, der ebenfalls die Frau gefangenhält, die ihr Selbstbildnis nirgends sonst finden kann. Mit anderen Worten, der Fenstersims ist der buchstäbliche Rahmen des Märchens. Signifikanterweise kann die gute Königin

ihm nie entkommen. Die Beschreibung von Schneewittchen – das Rezept für Schönheit – ist auf die grundlegendsten Farben beschränkt – Weiß, Schwarz, Rot – aber auch mit Narrativität gefüllt durch die metonymischen Verkettungen zwischen den Farben und der Königin, ihrer Situation und der äußeren Welt.

Der Glassarg, in dem Schneewittchen von den Zwergen ausgestellt wird, nachdem sie den vergifteten Apfel geschluckt hat, und in dem sie vom Prinzen entdeckt und begehrt wird, ist nur ein weiterer Kristallrahmen, der die weibliche Figur gefangen hält. Im Unterschied zu dem Raum, in dem die Königin eingesperrt ist, ist der Sarg mobil; aber sein Inhalt ist es nicht. Es ist dieser Sarg, der das Mädchen sichtbar macht, nicht für sie selbst, doch für andere; der sie am Heiratsmarkt verfügbar macht, wo sie sofort von einem Typen mit Geschmack und einem weißen Pferd weggeschnappt wird.

Zwischen diesen drei Glasobjekten, dem Fenster, dem Spiegel und dem Sarg, sind drei weibliche Figuren – oder vielleicht, wenn wir Gilbert and Gubar glauben, drei Aspekte derselben Frau – auf ein Leben beschränkt, das in keiner Hinsicht beneidenswert genannt werden kann. Meiner Interpretation zufolge hat sich Sterbak für ihre Arbeit Inside entschieden, diese drei insofern zu kombinieren, als das Glas des Fensters im Sarg wiederkehrt und der Spiegel den schmalen Sarg innerhalb des lebensgroßen faßt. Aus diesem Grund nehme ich an, daß die Arbeit etwas über einen Aspekt des Märchens aussagen kann, den psychoanalytische und feministische Interpretationen zu übergehen tendieren.

Wie ich erwähnte, bezog sich Sterbak im Titel ihres Werkes in keiner Weise auf Schneewittchen. Trotzdem muß der Titel Inside wörtlich genommen werden, als Hinweis auf die Bedeutung des kleinen Sargs innerhalb des großen. Während der größere, äußere Sarg aus Glas gemacht ist wie das Ausstellungsstück, durch das der Prinz visuellen Zugang zu Schneewittchens toter Schönheit erhält, besteht der innere aus Spiegeln. Es ist diese einfache Tatsache – außen Glas, innen Spiegel –, die für mich die komplizierte Exegese Schneewittchens beinhaltet, die diese Skulptur aufruft. In diesem Sinne verstehe ich das Werk als ein theoretisches Objekt: ein Kunstwerk, das, obwohl vollständig visuell, einen Beitrag zum Denken zu leisten hat – zum feministischen Denken.

Der offensichtlich wichtigste Punkt betrifft Narrative: Wo wir mit einem jahrhundertealten Volksmärchen konfrontiert sind, erzeugt der Zugang zu dem Werk zugleich sein eigenes, auf den aktuellen Stand gebrachtes, Narrativ. Es ist für mich die narrative Dimension von Märchen wie Skulptur, die letztere an ersteres bindet. Meine Interpretation basiert auf der Tatsache, daß Betrachter, die sich dem Werk nähern, in die jeweiligen Positionen des Prinzen und der Stiefmutter gestellt werden, in dieser Reihenfolge. Zuerst sehen sie durch den Glassarg, dann schauen sie in den Spiegel. Diese Umkehrung der narrativen Ordnung des Märchens wird umso signifikanter, als wir realisieren, daß der Fensterrahmen der guten Mutter indirekt durch den Aspekt des Werkes repräsentiert wird, dem es seinen Titel verdankt. Innerhalb des größeren Sarges liegt der gespiegelte schmale wie ein Fötus im Mutterleib. Das die gute Mutter eingrenzende Fenster erlaubt selbst Einblick in das, was in ihrem Körper geschieht. Der schmale Sarg ist wie das Christus-Kind in Bildern der schwangeren Madonna (Raffael) oder der Madonna "del parto" (gebärend; Piero della Francesca); oder er ist wie Schneewittchen vor ihrer Geburt. Ein Spiegelbild, ungeduldig erwartet und schon im vorhinein bewundert oder zurückgewiesen durch die neidische Mutter. Der Betrachter entscheidet am Ende der Reise durch die Schichten des Werkes.

Diese Interpretation ist möglich, da Jana Sterbaks Kunst auf charakteristische Weise performativ ist. Ihre Skulpturen erfordern, damit sie "funktionieren", zumeist irgendeine Form von Aktivität, und ihre Ausstellung ist üblicher- weise mit einem Video kombiniert, das eine Performance zeigt, in der so eine Aktivität stattfindet. Ihre berühmteste Skulptur Vanitas: Flesh Dress for an Albino Anorexic von 1987 erzeugte Aufruhr, vergleichbar mit den

schockierendsten Skandalstücken unserer Zeit. Aus einem Kleid bestehend, das aus Fleisch gemacht ist, richtet diese Arbeit, so roh wie ihr Titel, die Aufmerksamkeit aus einer feministischen Perspektive auf das

Thema weiblicher "Vanitas" – und zwar wie es auch von dem weniger verstörenden Werk Inside behauptet werden kann.

Aufgrund der wesentlich performativen Arbeit, die diese Künstlerin konstant abliefert, macht es Sinn, diesen Aspekt selbst in einem Fall wie Inside zu betonen, wo dieser Aspekt nicht so insistent und selbstbewußt unentbehrlich für die Verarbeitung des Werkes ist wie in manchen anderen Stücken. Die Performance besteht hier aus zwei Elementen. Erstens geht der Betrachter durch die Ereignisse des Märchens in umgekehrter Reihenfolge. Zweitens muß er oder sie die Rolle aller drei Frauen in der Geschichte annehmen, wie auch die des Prinzen. Mit anderen Worten, die erforderte Performance ist narrativ und theatralisch.

Der erste Punkt, den dieses Werk bezüglich des Verhältnisses zwischen der Schneewittchen-Geschichte und der Geschichte des Spiegelstadiums meinem Verständnis nach macht, ist in dieser einfachen Umkehr der narrativen Ordnung verkörpert. Das narrative Merkmal, die Abfolge von Blicken, die zuerst durch das Glas laufen, nur um auf das Selbstbild im Spiegel zu stoßen, gebrochen durch die Linien und Winkel des diamantförmigen Sarges, ist entscheidend: Auf diese Weise facettiert, ist das Selbstbild nicht ganz. Wie das Kind im imaginären Stadium offeriert das gebrochene Bild einen corps morcelé, einen geteilten und zerstückelten Körper (Silverman

1996). In diesem Sinn entspricht es der prä-symbolischen, prä-ödipalen Phase, bevor sich, in der klassichen Psychoanalyse, sexuelle Eifersucht des weiblichen Kindes bemächtigt. In der Lacanschen Psychoanalyse repräsentiert der zerstückelte Körper das Kind vor dem entscheidenden Moment des Eintritts in die symbolische Ordnung, wenn soziales Feedback Subjektivität aufrechterhält oder zerstört. Der die Galerie betretende Betrachter reist den Pfad psychischer Formation zurück von der symbolischen, reifen aber ausgesprochen unterworfenen jungen Frau im Glassarg zum primären Moment der Konfrontation und Selbstformation, bevor die Dinge schieflofen. Wie in einer Psychoanalyse, die auf ein Durcharbeiten vergangener Traumata ausgerichtet ist, wird der Betrachter auf eine Reise zurück durch die Zeit geschickt. Das Narrativ des Märchens wird, als eine erste Geste des Widerstands gegen den fatalen Gang, den das Leben der Frauen in ihm nimmt, umgekehrt. So umgekehrt kann der Betrachter nochmals von vorne beginnen und seinen Job besser erledigen – je nachdem, sowohl als Frau als auch im Aufziehen weiblicher Kinder.

Der zweite, dramatische oder theatralische Aspekt der Performance betrifft Rollenspiele. Eine der vielen Funktionen des Spiegels ist die unausweichliche Konfrontation mit dem Selbst, die er herbeiführt. Diese Konfrontation ist die letzte dreier Rollen. Für den Effekt des Werkes ist es von Bedeutung, daß genau die Pluralität der Rollen sie denaturalisiert. Identifikation ist kein fataler Kurs, der einen entlangträgt, sondern ein Akt, den man nach Belieben spielen kann. Zuerst spielt man den Prinzen, der in den Glassarg sieht – bereit, das Kunstwerk als ein Objekt zu schätzen – oder, wie im Märchen, das Mädchen als ein Kunstwerk. Dann spielt man die gute Mutter, die das zu gebärende Kind in ihrem Schoß beherbergt. Zuletzt spielt man, sich überbeugend und dem fragilen Werk gefährlich nahekommend, die doppelte Rolle gegenüber dem spiegelnden schmalen Sarg: die Stiefmutter, in ihm nach Feedback suchend, und Schneewittchen, das tote Objekt, das der Sarg ist, verurteilt zum Fast-Tode, schon bevor sie geboren ist. Genaugenommen ist Schneewittchen der Spiegel. Die Stiefmutter erhält die niederschmetternde Nachricht direkt von ihr. Facettiert und damit in Stücke gebrochen, sorgt diese doppelte Rolle für die Kraft der Wahl. Nur nachdem der passive Betrachter, der den Pfad multipler Identifikationen gegangen ist, in die Lumpen der Bosheit und in das Leichentuch passiver Schönheit gekleidet ist, wird er oder sie dazu gezwungen, sich über diese sozial-kulturellen Rollen klarzuwerden. Die direkte Konfrontation zwischen der stiefmütterlichen und der töchterlichen Rolle konstituiert die entscheidende Intervention dieses Werks in das Märchen. Dort repräsentiert die Stimme des Spiegels das sozial-kulturell andere: männliche Autorität. Aber diese magische Stimme wurde nicht als solche identifiziert. Hier sieht der Betrachter/die Betrachterin in der Rolle der Stiefmutter, die sich ihrer andauernden Attraktivität nicht sicher ist, der Tochter direkt in die Augen. So wird sie für ihre Sicht verantwortlich gemacht. Sie erkennt, daß sie die Wahl hat, entweder das Altern zu akzeptieren und die Tochter zu lieben oder mit ihr zu wetteifern und sie zu hassen. Die Betrachterin ist in diesem Märchen der Gegenwart von der unterdrückenden Stimme befreit, die ihr ihre Gefühle gegenüber anderen Frauen diktiert. Im Moment der Reflexion erweist sich Selbst-Reflexion als zweischneidig. Was man sieht, wenn man sich überbeugt, um in den facettierten Spiegel zu sehen, ist wie ein kubistisches Selbstporträt. In der Größe reduziert und klein wie das prä-symbolische Kind, das einem Leben von Feedback gegenüber offen ist, welches determinieren wird, was es sein wird, ist der Betrachter ausfacettiert – nicht nur in Stücke gebrochen, sondern sozusagen auch von innen nach außen gewendet, alle Seiten zur Schau gestellt. Inside ist am Ende der Performance tatsächlich ein Porträt. In einem Kommentar zu dieser Skulptur schreibt Diana Nemiroff, daß "der Sarg die ultimative Verpackung des Selbst ist". Er hält das Selbst für alle Zeit. Mittelalterliche Darstellungen von Särgen in Erinnerung rufend schlägt sie vor, daß Tod zu jener Zeit nicht als ein Ende, sondern als eine Grenze betrachtet wurde, und sie verbindet das mit Sterbaks Arbeiten zur Ambiguität von Grenzen. Als Porträt ist der schmale Sarg dann, in Nemiroffs Worten, "ein Rätsel des Selbst". Die Männer und Frauen des Mittelalters wußten nicht, was vor ihnen lag, aber etwas lag vor ihnen. Sie wußten nicht, was sie sein würden, wie sie im anderen Leben aussehen würden, aber es würde ein solches Leben nach dem Tode geben, und die Darstellung des Sarges war da, um sie mit dem früheren Selbst in Verbindung zu halten. Wenn wir den Spiegelsarg als ein Selbstporträt des Betrachters verstehen, eröffnet sich eine Reihe von Möglichkeiten, wie die Zwangslage Schneewittchens revidiert werden könnte. Der kleine Koffer im Inneren des größeren, auf dessen innere Lage der Werktitel unsere Aufmerksamkeit lenkt, ist ein undurchdringbarer harter Kern des Werks, der Intepretation zurückweist und den Betrachter/die Betrachterin zu sich selbst zurückschickt. In der Tat ein Rätsel des Selbst, aber eines, das den Zeitraum eines menschlichen Lebens umspannt, ganz so wie das Rätsel der Sphinx von Theben. Der Sarg denotiert Tod, das Ende des Lebens; seine Position denotiert pränatale Existenz, den Anfang des Lebens. Seine gebrochene Oberfläche erlaubt Sicht und damit Einsicht in die verschiedenen Facetten des betrachtenden Selbst, das multiple Gesicht eines kubistischen Porträts, das den täuschenden Sinn von Einheit auf die Probe stellt und zur Reflexion über die vielen Wege einlädt, die man auf der Reise zwischen Sarg und Mutterleib gehen kann. Als Antwort auf Schneewittchens Mission stillzuliegen, ganz und schön, und auf das Aufwecken durch die Anerkennung eines anderen zu warten, ist die Betrachterin hier zurückverwiesen auf ihre eigene Selbst-Erzeugung wie auch auf das Bewußtsein um ihre eigene Verantwortung, andere zu erhalten. Im öffentlichen Raum der Kunstgalerie, wo man unbekannte andere trifft, gestattet die Konfrontation mit dem privaten Moment des Selbst im Stadium des Werdens (die Rolle des Prinzen und des weißen Pferdes, kurz und beiläufig) eine lange Meditation, die das Hier und Jetzt durch die Möglichkeit einer neuen, anderen Art des Anfangs ersetzt.

Lacan zufolge ist das Bild, in dem sich das Kind selbst trifft, dreifach täuschend – imaginär, fiktional und visuell: außen, umgekehrt und allein-bildlich. Die Begegnung mit dem Selbst, die seine Geschichte in Szene setzt, ist auch eine Begegnung im Raum. Während das Bild im Spiegel strenggenommen zweidimensional ist, legt die Rahmung – die Mutter, die das Kind hält – eine dreidimensionale Existenz nahe. Das Halten, unabdingbar, wenn das Ereignis der Selbsterkennung-in-Méconnaissance überhaupt stattfinden soll, ist darüberhinaus eine Einschreibung der metonymischen Tropen des

Selbst-Bildes. Das Kind trifft voll auf sich selbst, dreidimensional, mehr als nur ein Gemälde, unter der Bedingung, daß es auch an einen anderen gebunden ist. Es ist dieser andere, der es stützt, oder wenn die Dinge nicht gut laufen, zerstört.

Das Märchen vom Schneewittchen legt nahe, daß die Differenz zwischen diesen zwei Möglichkeiten stark an Geschlechtsidentität gebunden ist. Statt diesen Aspekt zu wiederholen, ist Sterbaks Skulptur nicht so emphatisch geschlechtlich definiert. Sowohl Männer wie Frauen werden mit dem Selbstporträt in dem facettierten Spiegel konfrontiert. Die Performance, die sie anspricht, ist dennoch geschlechtlich definiert, denn kein Betrachter begegnet dem Werk außerhalb seiner oder ihrer Geschlechtsidentität. Aber der Moment, in dem das Selbst in all seinen Facetten auf den Körper des noch ungeborenen Schneewittchens porträtiert wird, ist auch der Moment, in dem Geschlechtsidentität nicht für immer auf den Körper tätowiert wird. Sie wird als kultureller Text lose auf die andere Seite der Tafel geschrieben: Mit dem Text können wir spielen, anstatt uns davon gefangennehmen zu lassen. Wir können uns darüber amüsieren oder ihn auslöschen.

Diese Möglichkeit gilt auch für das Märchen vom Schneewittchen.

Aus dem Englischen von Oliver Marchart.

Literatur

Abel, Elizabeth. 1999 "Domestic Borders, Cultural Boundaries: Black Feminists Re-view the Family" 124-125 in The Familial Gaze, edited by Marianne Hirsch. Hannover, NH: The University Press of New England.

Bal, Mieke.
1996 Double Exposures: The Subject of Cultural Analysis. New York: Routledge.
1997 (1985) Narratology: Introduction to the Theory of Narrative. 2nd (revised and expanded) edition. Toronto: University of Toronto Press.
1999 Quoting Caravaggio: Contemporary Art, Preposterous History. Chicago: University of Chicago Press.

Benveniste, Emile. 1966 Problèmes de linguistique générale, volume I. Paris: Gallimard (Eng.: 1971 Problems in General Linguistics. Translated by Mary Elizabeth Meek. Coral Gables: University of Miami Press).

Bettelheim, Bruno. 1976 The Uses of Enchantment: The Meaning and Importance of Fairy Tales New York: Knopf.

Code, Lorraine. 1991 What Can She Know? Feminist Epistemology and the Construction of Knowledge. Ithaca and London: Cornell University Press.

Damisch, Hubert. 1997 Un souvenir d'enface par Pierro della Francesca. Paris: Editions du Seuil.

Gilbert, Sandra M. and Gubar, Susan.
1979 The Madwoman in the Attic: The Woman Writer and the Nineteenth-Century Literary Imagination. New Haven and London: Yale University Press.
1994 No Man's Land: The Place of the Woman Writer in the Twentieth Century. New Haven and London: Yale University Press.

Gubar, Susan. 1997 Racechanges: White Skin, Black Face in American Culture. New York: Oxford University Press.

Keller, Evelyn Fox.
1984 Reflections on Gender and Science. New Haven: Yale University Press.
1992 Secrets of Life, Secrets of Death. New York: Routledge.
1994 Refiguring Life: Metaphors of Twentieth-Century Biology. New York: Columbia University Press.

Lamoureux, Johanne. 2000 ** Sterbak

Nemiroff, Diana. 1992 Jana Sterbak: States of Being/Corps à corps. Ottawa: National Gallery of Canada.

Schwarz, Heinrich. 1952 "The Mirror in Art." Art Quarterly XV (2): 97-118.

Silverman, Kaja. 1996 The Treshold of the Visible World. New York: Routledge.

Sterling, Susan Fisher. 1994 "Signifying Photographs and Texts in the Work of Carrie Mae Weems." In Carrie Mae Weems, ed. Andrea Kirsh and Susan Fisher Sterling, 18-36. Washington, DC: The National Museum of Woman in the Arts.

ERNST VAN ALPHEN
RE-MODELLING SCHNEE-WITTCHEN

Das war mehr als eine Frau,
das war ein Meisterwerk!
Honoré de Balzac, Sarrasine

Es läßt sich schwerlich eine Geschichte unter den Schätzen der westlichen Kultur vorstellen, die in ihrer oppressiven Darstellung des Schicksals von Frauen mehr Schäden angerichtet hätte als die Geschichte von Schneewittchen. Und obwohl keiner der drei Frauen in dieser Geschichte die Chance auf ein lebbares Leben gegeben wird, versieht die abschließende Formel "und sie lebten glücklich bis an ihr Lebensende" den Horror mit dem exemplarischen moralischen Schluß, der ihrem jungen Publikum angeblich zugute kommen soll. Kein Wunder, daß viele politisch wache Schriftstellerinnen und Künstlerinnen diese Geschichte für feministisch inspirierte Revisionen aufgenommen haben. In diesem Artikel möchte ich das Werk einer dieser Künstlerinnen diskutieren: der südafrikanisch-holländischen Malerin Marelene Dumas. In den 1980ern bemalte sie eine Reihe großformatiger Leinwände mit dem Sujet Schneewittchens, wobei jede einen Aspekt des Märchens ansprach, wenn nicht anklagte. Aber Dumas' Revisionen sind keine simplen feministischen Gesten. Ihre Schneewittchen sind tatsächlich Teil eines großen Werkkorpus, in dem die Künstlerin die Komplizenschaft unserer kulturellen Tradition – und besonders der Kunstgeschichte – mit den ideologischen Strukturen untersucht, die das Märchen zuallererst möglich gemacht haben.

Wie es bei einer visuellen Künstlerin verständlich ist, ist die primäre Eigenschaft des Märchens, derer sich Dumas annimmt, die totale Objektivierung der weiblichen Figur um der Schönheit willen, wenn sie, ausgestellt in einem Glassarg, den Blicken aller und der Wahl ihres idealen Gemahls ausgesetzt wird. Schneewittchen als die Figur, die, statt eine Frau zu werden, ein Meisterwerk wird. Dumas' Arbeiten sind selten offensichtlich narrativ und basieren, von der Schneewittchen-Serie abgesehen, nie direkt auf Märchen oder anderen Erzählungen. Aber die meisten ihrer Sujets stehen in einem kritischen Verhältnis zu den Idealen der Schönheit, des menschlichen Körpers und der fehlgeleiteten Handhabe des weiblichen und rassifizierten Körpers im Namen dieser Ideale. Viele ihrer Arbeiten sind Gruppen von Porträts, allesamt nicht auf lebenden Modellen basierend, sondern auf bereits idealisiert – oder ent-idealisiert

121

– abgebildeten Gesichtern. Somit ist ihr Gegenstand nicht die menschliche Gestalt, sondern Repräsentation. Im kritischen Engagement mit traditioneller Repräsentation stellen viele ihrer Bilder groteske Figuren, Freaks oder das dar, was sie Ausschuß nennt. Mit anderen Worten, Gegensätze zu Schneewittchens perfekter Schönheit. Doch dies sind, wie ich argumentieren werde, zwei Seiten ein- und derselben Medaille.

In einem früheren Artikel zu Dumas' unorthodoxer Untersuchung des Modell-Kults habe ich eine Sicht auf Dumas' Gruppe von Porträts entwickelt, die vor allem einen Aspekt dieser Arbeiten berücksichtigte, nämlich die Implosion des Begriffs von Identität in eine Vervielfältigung von Bildern. Nun möchte ich mich auf das Gegenteil des Ausschusses, des Grotesken und des Freaks konzentrieren. Ich möchte die Implikationen der anderen Seite des Konzepts des Modells berücksichtigen. Dieses Konzept ist auf dieselbe Weise zweideutig wie das Konzept, mit dem es eng verwandt ist: Mimesis. Ihr Objekt kann auf das prä-existente Objekt hindeuten, von dem die Abbildung gemacht wurde, aber auch auf die resultierende Schöpfung. Aber der Begriff Modell weist einen zusätzlichen Aspekt auf: Es ist eine weitere Spezifikation des Akkusativs von Mimesis. Ein Modell ist nicht einfach irgendein prä-existentes Objekt oder irgendeine resultierende Schöpfung. In beiden Bedeutungen des Begriffs ist ein Ideal von Perfektion enthalten. Das impliziert, daß ein Ideal von Perfektion, Schönheit, entweder in prä-existenten Objekten, in Mega-Modellen, um Dumas' eigenen Begriff zu verwenden, gefunden werden kann, oder es kann durch künstlerische Arbeit erlangt werden, durch die Arbeit der Repräsentation. Kunsthistoriker haben sich diese Ambiguität zu Herzen genommen. Sie haben beharrlich die zwei Bedeutungen von "Schönheit" verwechselt. So wie es das Märchen von Schneewittchen getan hat. Dumas' Gemälde erzählen die Geschichte des Zusammentreffens dieser zwei Traditionen: der Geschichte für Kinder und der Weisheit der Erwachsenen. Ein Beispiel, das dieses Problem erhellt, kann in dem Artikel "Ideal und Typus in der Renaissancemalerei" gefunden werden, wo Ernst Gombrich einen berühmten Brief Raffaels aus dem Jahr 1514 behandelt, der an den Diplomaten und Gelehrten Baldassare Castiglione adressiert war. In diesem Brief antwortet Raffael elegant einem Kompliment bezüglich eines Freskos, das er gerade in der Villa Farnesina in Rom fertiggestellt hatte. Es geht deutlich daraus hervor, daß Raffael nicht an die Möglichkeit glaubt, daß reale Frauen perfekte Modelle sein könnten.

"Die Galatea betreffend, sollte ich mich für einen großen Meister halten, wenn auch nur die Hälfte der vielen Komplimente, die mir Ihre Herrschaft zugesandt haben, verdient wären. Dennoch erkenne ich in Ihren Worten die Liebe, die sie empfinden, und würde sagen, daß ich, um eine schöne Frau zu malen, eine Reihe von schönen Frauen sehen müßte, immer unter der Voraussetzung, daß ich Ihre Herrschaft an meiner Seite hätte, um die Wahl zu treffen. Doch da ein Mangel sowohl an guten Richtern wie auch an schönen Frauen herrscht, mache ich Gebrauch von einer bestimmten Idee, die mir in den Sinn kommt. Ob sie irgendeine Vorzüglichkeit von Kunst mit sich bringt, weiß ich nicht, aber ich arbeite hart, um sie zu erreichen."

Es könnte argumentiert werden, daß Raphael hier einer platonischen Ästhetik Ausdruck verleiht. Die Perfektion von Schönheit kann nicht in realen Frauen gefunden werden, sondern nur in einer metaphysischen Idee. Um Vorzüglichkeit in der Malerei zu erreichen, sollte man diese Idee nachahmen. Das ist möglich, da es der Seele, bevor sie in den Körper eintrat und mit Materie vermählt wurde, erlaubt war, die Idee der Schönheit zu sehen. Diese Lesart impliziert, daß unser Wissen vom Ideal auf der Erinnerung basiert und nicht auf der Wahrnehmung der Realität oder der "Modelle". Wenn

Raffael für seine Gemälde Modelle verwendete, dann nicht weil sie die Perfektion der weiblichen Schönheit verkörpern. Seine Modelle sind keine der Nachahmung werten Ideale von Perfektion. Sie sind nur Ansatzpunkte im Prozeß der Erinnerung der metaphysischen Idee der Schönheit. Es ist genau ihre Unvollkommenheit, die den Maler – qua Kontrast – an die Vollkommenheit von Schönheit erinnert.

Aber Gombrich stimmt solch einer platonischen Lesart von Raffaels Brief nicht zu. Er liest ihn, wie wir erwarten konnten, entsprechend der These, die er in seinem Buch "Art and Illusion" entwickelt hatte. Seine These kann mit der Formel "Schema und Korrektur" oder "Schema und Modifikation" zusammengefaßt werden. Zur Herstellung eines Bildes muß der Künstler zuerst eine Struktur etablieren, eine Form, die er anschließend der Realität annähern kann. Das bedeutet, daß der Künstler immer den überlieferten Typus als Ansatzpunkt nimmt. Diese Typen oder Schemata können modifiziert werden, aber nicht verworfen. Wenn wir Gombrichs These akzeptieren, heißt das, daß Raphael sein erfolgreiches Bild nicht aus einer platonischen, metaphysischen Idee von Schönheit ableitete, sondern vielmehr von einem Typus weiblicher Schönheit, den er der Tradition schuldete.

Dieser Typus war wesentlich ein Kompositum. Raffaels Brief deutet auf einen Schönheitswettbewerb, dessen Gewinnerin keine einzelne Frau ist, sondern die Kombination von Merkmalen oder von Gliedmaßen vieler. Diese Idee einer zusammengesetzten Schönheit entspricht der Beschreibung von Schneewittchens Schönheit, die tatsächlich komplett von metonymischen Ersetzungen abgeleitet ist, die auf der materiellen Welt basieren wie auf dem menschlichen Körper: Haut weiß wie Schnee, Haar schwarz wie der Fenstersims, Lippen rot wie das Blut ihrer Mutter. Tatsächlich läßt sich vorstellen, daß es in solch einem Kompositum nicht einmal darauf ankommt, ob alle Spenderinnen Frauen sind. In der späteren akademischen Praxis, der Frauen nicht nur als Studentinnen, sondern auch als Modelle verboten waren, wurden männliche Modelle für die Zusammensetzung einer imaginären Frau verwendet. Brüste wurden einfach hinzugefügt und Penisse gelöscht. Solche Praktiken sind mit der imaginären Suche nach Perfektion, die Raffael in seinem Brief beschreibt, völlig konsistent. Platonische Essenz und körperliche Zerstückelung sind mit Leichtigkeit in einen Begriff des Ideals integrierbar, das offen gegenüber einer Definition von Schönheit ist: im Sinne des männlichen Körpers.

Gombrichs Sicht von Mimesis war mehr als einflußreich. Heute sind Kunstgeschichtsinstitute von ihr durchsetzt. Seine These ist verführerisch, da sie einen bedeutenden Bruch mit dem Anti-Historizismus der natürlichen, realistischen Einstellung zu implizieren scheint. Denn der Maler sieht, Gombrich zufolge, nicht mit einer unschuldigen oder naiven Sicht auf die Welt und macht sich dann daran, mit seinem Pinsel festzuhalten, was sein Blick eröffnet. Norman Bryson hat Gombrichs Position knapp charakterisiert: "zwischen Pinsel und Auge interveniert das ganze Erbe von Schemata, modelliert durch die bestimmte künstlerische Tradition des Malers". Was der Maler tut, ist dasselbe wie das, was der popperianische Wissenschafter tut, er testet diese Schemata an den experimentellen Beobachtungen der Realität. Das Bild des Künstlers wird keine perfekte Kopie in Begriffen einer transzendenten Wahrheit oder Schönheit sein. Es wird eine provisorische Verbesserung des existierenden Korpus von Hypothesen oder Schemata sein: verbessert, genau weil durch Falsifikation an der Welt getestet. Im "wirklichen Leben" – der Kunsttheorie von Erwachsenen – ist Schneewittchen nicht

draußen im Lande als Ready-Made in einem Glassarg, sondern muß peinlich genau konstruiert werden. Mit anderen Worten, die Natur des Ideals weiblicher Schönheit unterscheidet sich nicht in den beiden Darstellungen – dem Märchen und der Kunstgeschichte –, sondern nur in Ausmaß und Art und Weise, auf die es erreicht werden kann. Die Kunstgeschichte – und in extenso die westliche Kulturgeschichte – ist nicht weit über das Märchen, das Kindern erzählt wird, hinaus gereift. Ich habe Gombrichs Theorie besprochen, weil es zwischen seinen Ideen und Dumas' Kunstpraxis auf den ersten Blick eine Parallele gibt. Dumas wird nie von der Realität oder einem Modell abzeichnen oder abmalen. Es ist ein sinnloses Unterfangen, wie sie sagt, Realität zu kopieren, da Realität selbst immer interessanter oder "perfekter" als ihre Kopie sein wird. Obwohl ihr Werk durchgehend figurativ ist, sagte sie

einmal, daß sie in bestimmtem Sinn größere Affinitäten zum abstrakten Expressionismus hätte als zum naiven Realismus.

In Übereinstimmung mit ihrer Weigerung, vom Leben oder von Modellen abzuzeichnen, arbeitet sie immer von Fotografien. Aber infolge dieses Insistierens auf der fabrizierten Natur von Schönheitsidealen nimmt sich ihr Werk der Geschichte der Fabrikation an und "vergißt" darauf, die Schönheit zu verfolgen, auf die Geschichte gezielt hatte. Ihre absichtliche Vergeßlichkeit resultiert aus einer Erinnerung an das, was die großen Künstler der Vergangenheit "vergessen" hatten: die Mechanismen, welche Subjektivität im Prozeß des Strebens nach Schönheit auslöschten. Schneewittchen in ihrem Glassarg, fast tot, verkörpert diese Auslöschung.

Aber diese Ähnlichkeit zwischen Gombrich und Dumas öffnet nur die Kluft zwischen ihnen. Während Gombrichs These, Künstler würden an der Erbschaft von Schemata arbeiten, von Dumas scheinbar wortwörtlich vorgeführt wird, ist ihr Ansatzpunkt und Untersuchungsgegenstand das Feld der Repräsentation, nicht jenes der Realität. Ihre Arbeit "Models" ist ein deutliches Beispiel für diese Praxis. Indem sie Bilder von Frauen aus den verschiedensten Bereichen verwendet, spricht sie den Modell-Effekt dieser Repräsentationen an. Es ist der Unterschied zwischen Gombrich und Dumas, der klarmacht, um was es in ihrem Werk geht und wie dieses Werk eine Kritik der Kunstgeschichte als Disziplin anbietet – wie auch eine der Kunstgeschichte als Praxis. Es ist also diese Differenz, die das ideologische Investment von Gombrichs Kunstgeschichtskonzeption offenlegt.

Gombrichs Theorie nimmt Distanz gegenüber der platonischen Tradition ein. Dieser Tradition zufolge ist das Projekt der Kunst ein moralisch-ästhetisches. Der Künstler sollte den absoluten Standard der Idee von Schönheit zu erreichen suchen. Gombrich macht Kunst zu einem wissenschaftlichen Projekt. Die Geschichte der Kunst schreitet voran und verfolgt die Verbesserung von Schemata durch deren Abtesten gegenüber der Realitätswahrnehmung. Sein Ideal von Perfektion ist dennoch nicht metaphysisch. Es ist Realität. Gombrich und der Platonismus haben gemeinsam, daß ihre Ideale von Perfektion absolut und statisch sind.

Diese zwei Merkmale – absolut und statisch – machen das Märchen vom Schneewittchen zu solch einer außerordentlich präzisen Allegorie auf das, was eine lange Tradition ernsthafter Philosophie der westlichen Kultur weitestgehend auferlegt hat. Ihre ganzen Leiden hindurch kommt niemand zu Schneewittchens Rettung. Nur nachdem sie bereits vollständig der Bewegung beraubt wurde, ihre Schönheit absolut und unveränderlich gemacht wurde, nimmt der Prinz auf seinem weißen Pferd Notiz von ihr. Es gibt nur

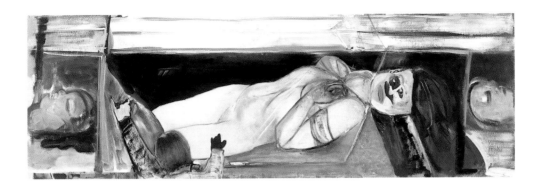

eine Perfektion an dem Ort jenseits des Himmels, wo die platonischen Ideen ihr Sein haben.

Dasselbe kann von Gombrichs Realität gesagt werden. Seiner Darstellung zufolge, gibt es immer eine verborgene und authentische Welt, welche das begrenzte, provisorische Welt-Bild, das aus Schema und Hypothese gebaut ist, übersteigt. Das ist genau der Grund, warum Gombrichs Anstrengung, mit dem Anti-Historizismus zu brechen, scheiterte. Aus dieser Perspektive ist seine Theorie nicht mehr als eine säkularisierte Version des Platonismus. Das statische Absolute ist aus der metaphysischen Welt der Ideen auf etwas namens Realität übertragen worden.

Der statische und absolute Status von Perfektion stellt eine Ideologie der Ausschließung dar. Perfektion ist immer singulär und einzigartig. Daher läßt sie keinen Raum für Differenz und Pluralität. Das ist der Grund, warum die Stiefmutter den Spiegel fragen muß, wer die eine und einzige Schönheitskönigin ist; und warum für sie die Schön-heit von Schneewittchen absolut nicht toleriert werden kann. Dumas' Models scheint sich über dieses Merkmal der Perfektion lustig zu machen, indem es hundert Modelle darstellt. Sie wendet das seriöse Projekt, den vom absoluten Modell (ob wir es nun Schönheit oder Realität nennen) gesetzten Standard zu erreichen, in den Katalog einer Modellagentur. Aber Dumas' Dekonstruktion der absoluten Perfektionsmodelle der Kunstgeschichte geht über diese Pluralisierung der Singularität von Perfektion noch hinaus. Sie zeigt – und arbeitet gegen – die westliche Repräsentationspolitik, die Frauen innerhalb des Paradigmas des Modells im Sinne des Ideals darstellt. Die Kulturkritikerin Susan Stewart hat erklärt, was die Parameter dieses Paradigmas sind. Ihr zufolge ist der Realismus des Ideals emblematisch für das Körperwissen vom anderen. Und wie wir gesehen haben, ist das ein Wissen von Fassaden, von zwei Dimensionen, die zum Bereich des Voyeurs und des Pornografen gehören.

Dieses Wissen von Fassaden ist formalistisch par excellence. Es fetischisiert die Perfektion des Details: von Lippen rot wie Blut, Haut weiß wie Schnee, Haar schwarz wie Ebenholz. Dieser Formalismus und sein nachfolgender Fetischismus des Details charakterisieren genau Gombrichs Theorie der Kunstgeschichte. Mit den Augen eines professionellen Voyeurs und Pornografen ignoriert er Subjektivität und Bedeutung in den "Typen und Schemata weiblicher Schönheit", die er in Raffaels und Michelangelos Frauendarstellungen entdeckt. Das Streben, das er den Künstlern zuschreibt, ist ein strikt formalistisches, bestehend aus der Korrektur der Schemata durch die Realitätswahrnehmung. Und natürlich ist die einzige Kunsttradition, die er als Kunst anerkennt, die westliche, und das ist genau diejenige, welche die Frau mit der Perfektion von Kunst und Kunst mit der Perfektion des weiblichen Körpers vermischt.

Stewarts Unterscheidung zwischen dem Grotesken und dem Idealen impliziert, daß die Idealisierung des weiblichen Körpers in der westlichen Kunst nur ein Gesicht des Januskopfes der Körperrepräsentation ist. Das andere Gesicht ist das pornographische. Beide Praktiken behandeln Frauen als Fassaden. Der Titel von Dumas' Arbeit Models ruft beide dieser Traditionen auf, die in der Figur des Covergirls, etwa Claudia Schiffer oder Naomi Campbell, zusammenkommen. Deren Körper stellen die gegenwärtigen Ideale von perfekter Schönheit dar. Doch

nachdem sie diese Traditionen, die nur augenscheinlich einander entgegengesetzt sind, wachgerufen hat, verwehrt sie uns den Zugang zu ihnen. Sie weigert sich, das Existenzmittel des Models zu zeigen: ihren Körper. Statt dessen insistiert Dumas auf dem Gesicht. Das macht es schwer, Models als Fassaden zu betrachten, denn es ist im Gesicht, wo sich die eigene Subjektivität am direktesten ausdrückt. Darüberhinaus stellt sie die Gesichter der Covergirls neben jene von Frauen, die auf der falschen Seite des Schönheitsideals stehen. Dies sind Frauen, die geistig krank sind. Und um die Konstruiertheit des Ideals von Schönheit zu betonen, fügt sie ihrer Sammlung Gesichter hinzu, die frühere Künstler verewigt haben: die dauernden Schönheiten von Rembrandt und Vermeer. Durch die Hinzufügung kommt sie auf die Vermengung der beiden Bedeutungen des Objekts von Mimesis zurück, die "Modell" und "Kopie" ununterscheidbar macht.

Es läßt sich nun sagen, daß Dumas der Repräsentation von Modellen Subjektivität neu eingeschrieben hat, und indem sie das tut, macht sie Pornografen und gombrichianischen Kunsthistorikern das Leben schwer. Es kommt hinzu, daß viele der dargestellten "Models" uns mit ihrem Blick konfrontieren. Ihre ungestörte voyeuristische Betrachung wird schwierig gemacht. Sie betrachten uns, während wir sie betrachten. Diese Kritik des Gombrichianismus als Pornografie ist das

emphatische Sujet von Schneewittchen und der gebrochene Arm".

Am schärfsten von allen Schneewittchen-Gemälden zwingt diese Arbeit zur allegorischen Lektüre als Kunsttheorie. Sicherlich ist dies in keiner Weise Dumas' einzige explizite Kritik der Kunstgeschichte. Ihre Kritik der Kunstgeschichte und ihrer Vertreter ist energisch in ihrer Arbeit "Hell" aus den Jahren 1987-1990 zu sehen. In einer Anspielung auf Sartres Stück "Huis clos" ("L'enfer, c'est les autres") stellt sie die Hölle als ein Zusammenkommen von Kunsthistorikern und Kunstkritikern dar, die in Monets Nymphéas untergehen, worauf der Untertitel hinweist ("Die Bevölkerung der Kunstwelt in Monets Seerosenteich"). Doch während diese und andere Vorkommnisse meine Interpretation der Schneewittchen-Serie nur unterstützen, ist es in "Hell", wie ich behaupte, wo die Kritik eine allegorische Konsistenz erhält,

die auf die spezifischen, extrem schädlichen Merkmale deutet, welche die
Malerin im Märchen bemerkt hat.
Hinter der Frau im Glaskoffer, der ihr
Ableben durch Zurschaustellung verur-
sacht hat, blicken die Sieben Zwerge
als voyeuristische Kunsthistoriker auf
die Szene und erlauben sich ihre
Abweichung von der Realität zu messen. Dumas kritisiert das Museum als
Peepshow, ein auch in "The Ritual"
(1988-1991) zentrales Anliegen. Im
Vordergrund liegt ein ungeordneter
Haufen von Polaroid-Fotos, der mich
an die Folter und den Mord durch Fotografie in Marleen Gorris' Film "Broken
Mirrors" erinnert. Aber ihr Schneewittchen schlägt zurück. Indem sie diesel-
ben Waffen wie ihre Angreifer benutzt,
richtet sie ihre Kamera auf die Betrachter, die in Gefahr sind, gefangen und
ihrerseits zu Objekten des Voyeurismus gemacht zu werden. Es ist, als
würde der Prinz seinerseits in den
Glassarg gesteckt, bevor Schneewittchen seinen Heiratsantrag akzeptiert.
Vielleicht können wir das sogar in
einem anderen Gemälde derselben
Periode geschehen sehen, in "The Par-
ticularity of Nakedness" (1987), wo sie
einen männlichen Akt in dieser horizontalen Position malt.
Dumas' Erzählung von der Reaktion
eines Museumsdirektors auf dieses
Bild ist vielsagend. Für ihn war das Bild
ein Fehlschlag, da es zu viele Horizontalen hätte. Ein erfolgreiches Bild
benötige Vertikalen, schien er zu implizieren, ohne zu realisieren, daß Dumas

mit Absicht einen Mann in diesem Bild
in solch einer "unerigierten" Weise dargestellt hatte – in einer Pose, die tradi-
tionellerweise für den weiblichen Akt
oder die Toten reserviert war. Der Titel
kompliziert hier Versuche, zu interpre-
tativen Schlußfolgerungen zu springen,
ja läßt sie zu Halt kommen. Das nackte
Subjekt ist ein Mann, keine Frau; das
ist seine erste Partikularität. Dieser
Mann ist nicht tot, sondern lebt. Er
blickt uns mit offenen Augen an. Das
Leben in diesen Augen schließt eine
zweite normalisierende Interpretation
aus. Dieser Mann ist nicht tot, wie Hol-
beins Christus, und seine Augen zwingen uns, diese Tatsache anzuerken-
nen. Aber dann, als lebendiger Mann,
ist er nicht heroisch, athletisch oder
aktiv, sondern vom horizontalen Format seiner Macht beraubt. Er ist wie
das nicht-tote Schneewittchen in ihrem
Glassarg, mit Ausnahme seiner offenen Augen, die eine totale Objektivierung nicht zulassen. So unterbricht die
Partikularität der Nacktheit in diesem
Format Schritt für Schritt alle drei
unserer Standarderwartungen.
Die Frau in Schneewittchen (und der
gebrochene Arm) richtet sich nicht mit
ihren Augen auf uns, sondern mit den
Schnappschüssen, die sie von uns
macht, wobei sie die Betrachter in ihre
Glasschachtel einfängt. Sie reißt sich
davon los, nur eine formale Fassade
zu sein. Aber warum ist ihr Arm gebrochen, was ist die Bedeutsamkeit dieses Details, das vom Werktitel unterstrichen wird? Der Arm, der schuldig

ist, das Gentlemen's Agreement des Gombrichianismus gebrochen zu haben, ist gebrochen. Dieser gebrochene Arm frustriert das Streben der Zwerge nach Perfektion und Schönheit, womit er den Glaskoffer bricht – den Spiegel des Models.

und zieht einen Vorhang auf. Die Geste wie auch seine Einsamkeit geben ihm die Rolle des Voyeurs, und seine Kleinheit bezeichnet Voyeurismus als infantil. Aber was von seiner Geste offengelegt wird – der Grund, warum die (Kunst-)Geschichte falsch ist –, sind die

Das Verhältnis zwischen Schneewittchen und den Modellen, sowie die traditionelle Sicht der Schönheit, wird in zwei weiteren Gemälden zu Schneewittchen betont. Jedes spricht einen anderen Aspekt der Sicht der Schönheit an, beruht auf der Dekomposition der Modelle. Snow White in the "Wrong Story" stellt den Kunstkritiker von hinten und als Zwerg dar. Er ist alleine

Leichen dreier Frauen: die Geschichte der pornografischen Sicht der Schönheit verwandelt sich in die Geschichte von Blaubart. Das ist eine weitere Version von Raffaels Suche nach den Frauen, die zusammengenommen Perfektion repräsentieren können – unter der Bedingung, daß sie in Stücke geschnitten werden. Blaubart ist ein weiteres Märchen extremer Frauenfeindlichkeit.

In "Snow White and the Next Generation" unterstützt Dumas den Universalismus der Sicht der Schönheit auf ironische Weise. Nun werden die Zwerge/Kritiker von hinten gesehen, und sie kauern sich im Vordergrund zusammen. Auch sie sind klein, in einer Verbuchstäblichung der Idee der "nächsten Generation", das heißt als Kinder – und auch als die Kinder, denen die Geschichte von Schneewittchen vorgelesen wird. Doch sie imitieren bereits das Verhalten ihrer Väter. Unartig haben sie ihre Hosen ausgezogen, als Kinder sind sie im Ausdruck ihres Erotizismus nicht eingeschränkt. Schneewittchen ist dagegen nicht so fein raus. Sie ist eindeutig tot, und ihre Pose erinnert an eine der berühmten anatomischen Lehrstunden der Kunstgeschichte. Die Pose ihres Körpers ähnelt derjenigen aus "Waiting (for Meaning") von 1988. Sie verkörpert damit den Mangel an Bedeutung, den dieser formalistische Zugang zur Kunst ausruft. Sie ist das Modell der Schönheit, dazu verurteilt, ein leeres Gefäß für das Begehren der Männer zu bleiben. Solange Kunstgeschichte und Kritik formalistisch in ihrem Streben nach Perfektion bleiben, solange wird Schneewittchen weiter auf Bedeutung warten müssen, ein für immer "mißdeutetes" Modell.
Modellieren, als eine Aktivität, ist ein transitives Verb. Modellieren ist das Einwirken auf ein Objekt, das einem Ideal entsprechend geformt ist: ein Modell. Das, behaupte ich, ist die wich-tigste, die konstruktive Phase in Dumas' Narrativ, sowohl in "Models" als auch in der Schneewittchen-Serie. Dumas wird von diesem Thema der Dehumanisierung der Ideen von Schönheit besessen bleiben. Daher bleibt ihr Werk, selbst nachdem sie das explizite Schneewittchen-Thema aufgegeben hat, eine unerbittliche Kritik der Ideologie, die dem Märchen zugrunde liegt und von der es ein solch extremer Fall ist.

Das Thema der durch Schönheitsideale angerichteten Verheerung hat seine vielleicht spezifischste Repräsentation in der Magdalena-Serie gefunden, die sie für die 1995er Biennale von Venedig hergestellt hat. Maria Magdalena, eine Heilige, ist ebenfalls ein Modell und war zuvor eine Hure. Sie ist die Quintessenz einer Hure, eine, die ihrem Beruf abschwor und zur Heiligen wurde – und damit zum religiösen Modell. Ihre Lebengeschichte verkörpert die kulturelle Idee der Reue. Aber das Abschwören von ihrem Körper und ihrer Sexualität wird auf widersprüchliche Weise dargestellt. Sie wischt mit ihrem langen Haar Jesu Füße rein – ein weiterer Fall der Fetischisierung von Haar als Detail von Schönheit. Diese Geste, die ihre Reue ausdrückt, ist zugleich mit Sexualität aufgeladen. Dem Haar der Frauen ist in der westlichen Kulturgeschichte durchgehend erotische Anziehungskraft zugeschrieben worden. Das Detail von Schneewittchens ebenholzfarbenem Haar ist deshalb kein zufälliges, sondern ein konstitutives Element in ihrer Komposition zum Schönheitsideal. Und es ist nur ihrer fast-toten Passivität zu verdanken, daß Schneewittchens Haar noch diesseits der Erotisierung bleibt, die die Geschichte für Kinder ungeeignet machen würde. Aber indirekt kann ihre Verfolgung durch die Stiefmutter, nachdem wir einmal die Geschichte mit jener von Magdalena verknüpft haben, als eine fortgesetzte Bestrafung für ihre erotische Anziehungkraft verstanden werden.

Im Gegensatz dazu ist es genau dieses Paradox – Sex und Reue –, das in der Darstellung Magdalenas in der Kunstgeschichte – einer Geschichte für Erwachsene – betont wird. Sie wird üblicherweise mit schönen langen Haaren dargestellt, was sie zum Modell weiblicher Sexualität macht. Aber ihre Heiligkeit basiert auf der Verneinung derselben Sexualität.

In den Magdalena-Gemälden von Künstlern wie Caravaggio und Georges de la Tour sehen wir die Zurückweisung ihrer Sexualität durch ein Abwenden vom Betrachter ausgedrückt. Sie bereut und ist dadurch nicht länger heimlich am voyeuristischen Blick von irgend jemandem interessiert. Zumindest scheint es so. In den meisten Fällen lehrt uns die Kunstgeschichte anderes. Magdalena erscheint in der gleichen Weise wie all diese kanonischen Frauenmodelle, die sündhafte Sexualität oder deren Zurückweisung repräsentieren: Susanna, Bathseba, Judith, Delila. Die weiblichen Figuren tendieren dazu, ihren sexuellen Mißbrauch zu dulden oder ihm sogar zuzustimmen, indem sie ihn heimlich visuell ermutigen. Sie sehen verführend zum Betrachter oder sind so gemalt, daß sie heimlich zurückblicken, während sie sich "offiziell" abwenden. Diese Geschichte des

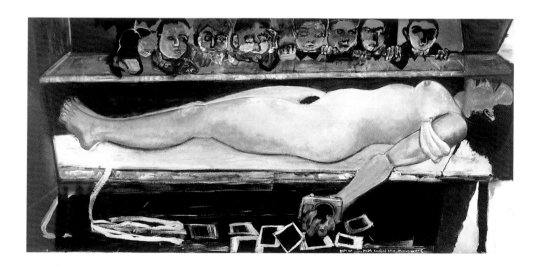

sexuellen Engagements durch den Blick ist der Gegenstand von Dumas' Magdalenen.

Nun haben wir diese Magdalenen, die direkt in die Augen schauen. Die Blicke sind selbstsicher und niemals verführend. Manche sind wütend, andere irritiert. Sie sind nie neutral. Dem Betrachter entgegenblickend, sind diese Figuren Mitglieder der Tradition der "Olympia" Manets, die in der Pariser Öffentlichkeit im Jahr 1865 skandalisiert wurde, da sie irritiert auf die Eindringlinge blickte, die ihren privaten Raum störten. Dumas Magdalenen stehen, was wichtig ist, sie liegen nicht. Auf diese Weise sind sie volle Subjekte, nehmen eine Pose wie auch einen Blick an, der ihnen Würde und Autorität einschreibt. Es gibt zwei Gruppen von Magdalenen, gigantische und etwas kleiner als lebensgroße. Erstere leiten den Blick des Betrachters auf den Schritt, letztere leiten ihn auf das Gesicht. Dieser Unterschied artikuliert zudem die Spannung, mit der "Models" spielt: zwischen Körper oder Gesicht, zwischen Frauen oder Subjekten. Diese binäre Struktur wird vollständig unterbrochen. Die kleineren, die auf den ersten Blick leicht "reinzunehmen", visuell anzueignen scheinen, besitzen solch stechende Augen, daß wir es nicht wagen würden. Die größeren, die uns auf ihren Schritt zu blicken zwingen, türmen sich über uns auf und dominieren uns. In beiden Fällen wird die "falsche" Art zu blicken provoziert, aber dann ausgeschlossen.

Die Route durch Dumas' Stadien – oder Stationen – des sexuell spezifizierten Sehens endet mit ihrem Bestehen darauf, daß es einfach nicht akzeptabel ist, noch nicht einmal möglich, daß Blicke töten können. Der Betrachter, durch ein langes Training der Kunstgeschichte gegangen, mit Raffael und Gombrich als Lehrer, sieht sich schließlich mit der Unmöglichkeit konfrontiert, entsprechend dieses traditionellen Modells zu sehen. Daß Dumas Frauen wieder mit Subjektivität ausstattet, indem sie Models (wie in "Models") ihr Gesicht zurückgibt und Gesichtern (wie in den Magdalenen) wieder einen Körper, zwingt den Betrachter der Frage nachzugehen, warum dies notwendig war. So kommt das Projekt der Schneewittchen-Serie zu seinem befriedigenden, wenn auch vorläufigen Ende. Magdalenas Entsagung wird zur Reue des Betrachters. Bettelheim behauptet, daß Märchen – einschließlich der verängstigenden – wichtig für Kinder seien, da sie eine Art Katharsis befördern würden. Indem es sich durch die Angst, die sexuelle Verführung und die Erfahrung des nahenden Todes arbeitet, sei das Kind besser ausgestattet, dem Leben entgegenzutreten. Das Vorlesen von Gute-nachtgeschichten durch die Eltern entspräche daher funktionell der psychoanalytischen Behandlung. Das ist alles sehr schön, aber wenn die Geschichten so durchdringend geschlechtsspezifisch sind und die zur Identifikation gebotene Rolle so eingeschränkt, dann ist Bettelheims Sicht inakzeptabel universalistisch: So sehr wie Raffaels Sicht der Schönheit und Gombrichs Sicht der Realität. Es verlangt eine besondere Form von Kunst – Kunst, die fähig ist, eine andere Art von Durcharbeiten zu erfüllen –, um die schädliche Moral von Geschichten wie Schneewittchen zu unterlaufen.

Das ist eine kulturelle Intervention von großer Bedeutung, denn wie sonst sollten unsere kleinen Mädchen beim Zubettgehen realisieren, daß sie in der falschen Story sind, aber dort nicht bleiben müssen?

Aus dem Englischen von Oliver Marchart.

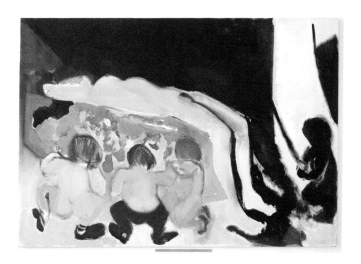

Literatur

1 **Bettelheim, Bruno**. 1976 The Uses of Enchantment: The Meaning and Importance of Fairy Tales. New York: Knopf.

2 1995 "Facing Defacement: Models and Marlene Dumas' Intervention in Western Art." In Models, by Marlene Dumas, S. 67-75. Frankfurt am Main: Portikus.

3 **Gombrich, Ernst**. 1986 New Light on Old Masters. Studies in the Art of the Renais-sance. Oxford: Phaidon Press, S. 89-90.

4 **Pacteau, Francette**. 1994 The Symptom of Beauty. London: Reaktion Books.

5 **Nochlin, Linda**. 1988 Women, Art, and Power and Other Essays. "Why have There Been No Great Women Artists?" New York: Harper & Row. Hollander, Elizabeth. 1993 "Artists' Models in 19th Century America." Annals of Scholarship 10, No. 3-4, S. 281-304.

6 **Bryson, Norman**. 1983 Vision and Painting. The Logic of the Gaze. New Heaven: Yale University Press.

7 **Dumas, Marlene**. Personal communication, June 1995.

8 **Bryson, Norman**. 1983 Vision and Painting. The Logic of the Gaze. New Heaven: Yale University Press, S. 33.

9 **Stewart, Susan**. 1984 On Longing: Narratives of the Miniature, the Gigantic, the Souvenir, the Collection. Baltimore: John Hopkins University Press.

10 **Dumas, Marlene**. Miss Interpreted (Eindhoven 1992: Van Abbemuseum), S. 43.

11 **Vos, Marcel**. In Miss Interpreted (Eindhoven 1992: Van Abbemuseum).

12 **Bal, Mieke**. 1991 Reading Rembrandt: Beyond the Word-Image Opposition. Cambridge and New York: Cambridge University Press.

JOHANNA RIEGLER
BILDSCHÖNE MÄDCHEN UND KLEINE MÄNNER HINTER DEN BERGEN

"Haben wirklich Platz genommen,
Wissen nicht, wie es geschah.
Fraget nicht, woher wir kommen,
Denn wir sind nun einmal da!
Zu des Lebens lustigem Sitze
Eignet sich jedes Land;
Zeigt sich eine Felsenritze,
ist auch schon der Zwerg zur Hand.
Zwerg und Zwergin, rasch zum Fleiße,
Musterhaft ein jedes Paar;
Weiß nicht, ob es gleicherweise
Schon im Paradiese war.
Doch wir finden`s hier zum besten,
Segnen dankbar unsern Stern;
Denn im Osten wie im Westen
Zeugt die Mutter Erde gern."
(aus: Johann Wolfgang Goethe, Faust II,
Chor der Pygmäen in der Klassischen
Walpurgisnacht).[1]

Im Zentrum meiner Ausführungen und Assoziationen zu Schneewittchen stehen nicht die todbringende Erfüllung des Kinderwunsches einer nähenden Königsfrau, die ihr Blut in den Schnee tropfen sah, auch nicht die berühmte Spiegelbefragung oder der mörderische Kampf einer neidgeplagten Halbmutter mit einer heranwachsenden, bildschönen Königstochter, die sich gegenseitig bedrohliche Doppelgängerinnen sind, sondern die Positionen, Funktionen und die Transformationsleistungen der männlichen Figuren im Randbereich des Waldes. Obwohl die gesamte Dramatik des Grimmschen Märchens vom Haß und Groll einer äußerst aktiven, nicht zur Ruhe kommenden, "gottlosen Stiefmutter" – der abgespaltenen Verkehrung des idealen Mutterbildes – ausgeht, beschränken sich meine Betrachtungen auf die kleingeratenen Hintermänner rund um die passive Heldin des Märchens.

Klassische Herrngestalten treten nur zu Beginn und am Ende des Märchens auf. Ein nur einmal erwähnter König leitet beinahe unbemerkt mit seiner Wahl einer "anderen Gemahlin" das Drama der Aussetzung bzw. versuchten Ermordung ein und ein neuer, junger König erwählt den konservierten Leichnam der Königstochter zum versöhnlichen Abschluß. Im Idyll des königlichen Hofes tut sich bei der Geburt eines Kindes eine Ritze auf, die monströse Phantasmen ins Spiel bringt und mittels einer Übergangsphase im Zwergenuniversum wieder geschlossen werden kann. Die königlichen HERRschaften selbst sind ausgesprochene Randfiguren, ohne bestimmenden Handlungscharakter. Im spannenden Hauptteil des Märchens sind wir aber mit vielen kleinen Helden konfrontiert. Im transformativen Zwischenreich des Märchenwaldes – hinter den sieben Bergen – leben sieben Zwerge, abgeschiedene Seelen, die nach Erz hacken und graben. Wer sind diese niedlichen, unermüdlichen, frohen Geister, die das verfolgte Schneewittchen beherbergen, vom neuen König in ihrer Hinterwelt aufgesucht werden und den Übergang beleuchten?

Die Zwerge von Schneewittchen sind offensichtlich als gutmeinende Agenten dargestellt, denn böse Zwerge im Märchen haben es in anderer Weise auf Kinder abgesehen, erpressen Mütter und Väter, entführen Kinder und unterschieben anstatt dieser oftmals monströse Wechselbälge. Böse Zwerge im Volksmärchen sind schädigende, drohende Nehmergestalten. Gute Zwerge hingegen gebärden sich als erzieherische Gebergestalten, Wunscherfüller und Zauberhelfer. Doch welchem Ideal des Guten, welchem Wunsch verhelfen die Kleingeister zu "großer Pracht und Herrlichkeit", die am Schluß in Form einer Hochzeit "angeordnet" wird?[2]

Glück auf zum fröhlichem Schaffen! Zwergenvölker wohnen nach dem Handwörterbuch des deutschen Aberglaubens vornehmlich in Bergwerken. Die Bergwelt ist in der Volksliteratur aber auch das Reich der Toten. Das kleine Utopia der Zwergen- und Gnomenwelt ist oftmals unter der Erde oder eben in Bergen und Felsenhöhlen angesiedelt und sie sind meist selbst Bergarbeiter, so auch die Zwerge im Märchen Schneewittchen. Sie leben in einem abgeschlossenen Miniaturraum, der bestens ausgestattet ist, in dem der Mangel keinen Platz hat und arbei-

ten im Dienste unbekannter Interessen und anonymer Mächte. Gelten böse Zwerge als imaginäre Erstarrungen des Mangels, die es auf das jeweils Liebste und Beste der Helden und Heldinnen abgesehen haben, zeichnen sich die guten Zwerge dadurch aus, daß sie in märchenhafter Fülle und perfekter, beinahe pedanter Ordnung leben und bar jeglichen eigenen Begehrens sind. Sie verkörpern Helfergestalten, die abgeschieden in einem zum Mutterleib analogen Ort dahingraben und völlig im Dienste des Begehrens der Heldengestalten wirksam werden.[3]

Neben der inszenierten Mutterschoßfülle der imaginären Zwergenwelt, d.h. der inzestuösen Komponente bei den kleinen Bergmännern, fällt die Darstellung ihres Arbeitsfleißes auf, der als Einlaßbedingung auch für die bedrohte Königstochter Gültigkeit hat. "'Willst du unseren Haushalt versehen, kochen, betten, waschen, nähen und stricken, und willst du alles ordentlich und reinlich halten, so kannst du bei uns bleiben, und es soll dir an nichts fehlen.' – 'Ja', sagte Schneewittchen, 'von Herzen gern' und blieb bei ihnen."[4] Gleich einer Initiationsprüfung führen die freundlichen Zwerge in ihrem durch Fülle ausgezeichneten Versorgungs- und Zufluchtsraum Arbeitswilligkeit und Devotheit als Kriterien des Bleibens ein.

Die sieben Zwerge haben keine individuellen Namen, sie werden bei der Ankunftsszene in ihrem Häuschen bloß durchnummeriert ("Der erste sprach:

... Der zweite: ... etc."), zudem erscheinen sie geschlechtlich indifferent und neutral. Sie erachten auch Schneewittchen als Kind : "'Ei, du mein Gott! Ei, du mein Gott!,' riefen sie, 'was ist das Kind so schön!'."[5] Sie begleiten und beherbergen vorübergehend ein bildschönes Kind, das sie als künftige Braut in einem Glassarg dem Königssohn übergeben werden. Ihre Funktion ist also die von Mittlerfiguren bzw. Initianten, die Zeugen der drei uneigentlichen Tode des Schneewittchens sind. Zum Schluß des Märchens sind die sieben Zwerge bereits wieder ausgeblendet. Als verschwindende Vermittler nehmen sie an der Traumhochzeit nicht mehr teil, aber spezielle, aus Rohstoffen des Bergbaus angefertigte Produkte, nämlich auf Kohlenfeuer erhitzte, eiserne Pantoffeln, die der geladenen Königin zum Todestanz angetragen werden, erinnern nochmals an die fleißigen Helfergestalten hinter den Bergen. Im Zwergenraum wird nicht nur ein künftiges Eheglück geschmiedet, sondern auch jene heißen Dinge aufbereitet bzw. die Rohstoffe dafür abgebaut, die dem Spuk der abgspaltenen, monströsen Mutterfigur und Rivalin ein leidenschaftliches Ende bescheren.

Die Zwerge im Märchen Schneewittchen, selbst emsige Diener einer unbekannten Macht, verlangen auch von der Heldin freudige Arbeitsbereitschaft, aber diese Aufforderung hat keinen Befehlscharakter, sondern geht eher von einem Dürfen als einem Müs-sen aus. Wie in vielen deutschen Volksmärchen der Brüder Grimm (z.B. Frau Holle, Drei Männlein im Walde) akzentuiert sich die Ideologie eines erstarkenden Bürgertums, das die Hinnahme eines Dienstverhältnisses nicht nur einfordert, sondern die freudige Einwilligung dazu unter das Gesetz des moralisch Guten stellt, was nach Lacan ein Gesetz der Güter ist. So wird die kindliche Heldin bereitwillig zum guten Geist einer kleinen Männerwirtschaft. Als eine zu Tode Geängstigte und Dahergelaufene agiert sie im Zwergenuniversum als große Frau unter vielen kleinen Männern. Der Harmonisierungseffekt dieser niedlichen Vorstellung von geschlechtsneutraler Zusammenkunft bei gleichzeitig durchaus geschlechtsspezifischer Arbeitsteilung hat zunächst nichts mit einem Repressionscharakter bürgerlicher Arbeitsnormen und Tugenden gemein, sondern läuft über ein Regressionsmoment (Verzwergung, Verdinglichung), das ein Medium des imaginären Raums bewirkt. Schneewittchens Zwerge als fraktale und verkleinerte Figuren dienen der Aufladung einer ungestörten Einheits- und Ganzheitsvorstellung. Die monströse Kehrseite derselben urgemütlichen Arbeits- und Wohngemeinschaft stellen die kannibalistischen, atem- und sinnesberaubenden Atttacken des bösen Doubles dar. Im Zwergenuniversum wäre alles in bester Ordnung, wenn da nicht regelmäßig die mörderischen Missionen von außen erfolgen würden. Das Imaginäre der Zwergenwelt, der mütterlich versorgende Innenraum ohne Ritzen, wird als zu rettende Utopie bis zum Schluß bewahrt, sodaß der Schneewittchen heimführende Prinz beinahe wie ein Zwerg ohne Kleinwuchs erscheint und die neue Hofidylle dem normalisierten Wuchs der Utopie gleicht.

Märchenhaft verklärte Automaten. Die sieben Zwerge ergeben zusammen mit ihrem schönen Schneewittchen eine wunderbare "Junggesellenmaschine", der es gelingt, sich ihrer monströsen Abspaltungen zu entledigen.

Der Begriff "Junggesellenmaschinen" bezieht sich auf mythische, literarische Figuren und künstlerische Produktionen, die imaginäre Konstruktionen der Mensch-Maschinen-Symbiose vermitteln.[6] 1975 wurde in Zürich von Harald Szeemann und Jean Clair eine Ausstellung unter diesem Titel durchgeführt. Michel Carrouges hat bereits 1954 den Mythos der Junggesellenmaschine an Beispielen der Literatur festgehalten. Dazu gehören beispielsweise die Erzähung "Der Sandmann" (1815) von E.T.A. Hoffmann, Villiers de l'Isle Adam`s "Eva der Zukunft" (1886) und Franz Kafkas Kurzgeschichte "In der Strafkolonie" (1914). Auch die Metamaschinen des Schweizer Künstlers Tinguely sind in der Kategorie "Junggesellenmaschinen" zu finden, sowie dadaistische und surrealistische Maschinenbräute.[7] Als Prototyp der Junggesellenmaschine gilt jedoch "Das Große Glas" ("Le Grand Verre", 1915-1923) von Marcel

Duchamp und dieses drei Meter hohe, hinter Glas gesetzte Kunstwerk erscheint beinahe wie eine Parodie auf das Märchen Schneewittchen. Die Assoziation wird nicht nur durch Glas- und Spiegelmotive, die sowohl im Kunstwerk als auch im Märchen eine zentrale Rolle spielen, nahegelegt, sondern bereits durch die Texte von Marcel Duchamp, die er zu seinem Werk verfaßt hat – bzw. deren Inhalte vom Kunstwerk illustriert werden sollten –, angeregt.[8] Das "Große Glas" ist ein künstlerischer Prototyp der Analogie von Geschlechter- und Maschinenvorstellungen und veranschaulicht den sexualisierten Autonomiecharakter einer modernen Subjektvorstellung: Der Titel des hinter Glas gesetzten Objektes lautet: "Die Braut von ihren Junggesellen nackt entblößt, sogar". Es besteht aus zwei senkrecht aufeinanderstehenden, getrennten Glasscheiben ("Isolationsscheiben"). Die obere Platte ist den Bildern vorbehalten, die mit der Braut in Zusammenhang stehen, die untere stellt den Junggesellenbereich dar. Es fällt nicht schwer in den diversen Umschreibungen für die Braut wie "fleischfarbene Milchstraße", "Apotheose der Jungfräulichkeit" oder "weiblicher Gehängter" Schneewittchen wiederzuerkennen. Aber auch ihre Gegenspielerin im Märchen ist im oberen Brautteil als zweite Dimension des Kunstwerkes vorhanden: phallische Attribute (Stacheln, Nadeln, Pflug) stehen für das gefürchtete Eigenleben der Neuvermählten, die andere Seite der sogenannten "Milchstraße", die der "anderen Gemahlin" im Schneewittchen entsprechen würde. Zusammen ergeben die zwei weiblichen Dimensionen gemäß Duchamp den "Keuschen Wunsch mit einem Schuß Bosheit".[9] Der männliche Teil im Kunstwerk wirkt eher starr und besteht aus Hohl- und Gußformen, die Duchamp als "neun männische Formen" oder "Friedhof der Uniformen und Livreen" bezeichnet. Diese Formen sind an Gleitapparate, Wagen oder Schlitten und an eine Schokoladenreibe angeschlossen, denn die Junggesellen reiben sich nach Duchamp ihre Schokolade selbst. Die

männlichen Prototypen sagen Litaneien auf, die durch Botschaften der Neuvermählten angeregt werden. Durch ein kompliziertes Nacheinander von elektronischen und mechanischen Bewegungen sollte es zur Entfaltung (Entkleidung) der Brautmaschine kommen, was einer Hinrichtung gleichen würde. Das "Räderwerk" der Junggesellen lebt nach Duchamp von einem fremden Rohstoff aus seinem Nicht-Ich. Die Braut ist Motor und Energiequelle ("Liebesbenzin") gleichzeitig. Ihr madonnenhafter, schwebender Charakter wurde in vielen Interpretationen hervorgehoben und entspricht ebenfalls dem Bild vom Schneewittchen. Die Brautmaschine wirkt wie ein "verklärter Apparat", "mechanisches Ballett", "Motorverlangen" und besitzt nach Duchamp die "Freiheit eines Tieres im Käfig". Duchamp läßt seine Liebesmaschine nicht funktionieren. Sein Kunstwerk zeigt sich nicht produktiv im Gegensatz zum happy-end des Märchens, das dieser Geschlechter- und Produktionsmystifikation Vorschub leistet. Bei Duchamp werden Maschine und Geliebte/Sexualobjekt identisch gesetzt, beide stellen geläuterte dienstbare Materie dar. Die Satire auf die produktive Maschine und die Satire auf erfüllende Sexualität sind ineinandergeschoben. Lyotard sieht in dieser Vorstellung einer versöhnlichen Megamaschine die Blödheit jener Intelligenz verkörpert, die permanent versucht, den Raum des Anderen oder vielmehr die Dissimilation auszuschalten und die Irrationen in die Uniform einer produktiv-destruktiven Maschine zu zwängen. Diese Idee der verschmelzenden Ergänzung einer Maschinen- und Geschlechterassimilation versucht, die Andersheit dialektisch zu resorbieren.[10] Die Subjektbegründung und Identitätslogik der Moderne verkehrt Duchamp in eine Parodie der Liebesmaschine, die eigentlich eine Todesmaschine (Hinrichtung der Braut, Friedhof der Junggesellen) ist. Ein onanierender Hampelmann und eine todgeweihte, aber schillernde Madonna sind das Paar der industriellen Zivilisation.

Dietmar Kamper meint in Anlehnung an Marcel Duchamp's Kunstwerk, Maschinen stehen für Frauen und Frauen für Maschinen[11] und "die Maschine steht in Kontexten eines Menschheits-traums, von dem Genies und Ingenieure normalerweise keine Ahnung mehr haben. Vielleicht also läßt sich bald sehen, was bisher nur gewußt werden kann, daß von den männlich modellierten Frauen-Bildern Opferdampf aufsteigt und an ihren puppenhaften Realisierungen Leichengeruch wie Glanz klebt."[12] Schneewittchen und die kleinen Männer hinter den Bergen bilden genau so eine Junggesellenmaschine, die sich produktiv zeigt, da es ihr gelingt, die Dissimilation auszuschalten, um mit einem faszinierenden Bild ins Reine zu kommen. Die Zwerge sind wie leuchtende Fackeln, sie bringen Schneewittchen zum Glänzen, während sie dadurch ihrer tödlichen Bildwerdung gerecht wird. Die guten Zwerge schließen bedrohliche Spalten und Verwundungen im Subjekt und totalisieren dabei den imaginären Raum. Widersprüchliche Selbstbegegnungen werden ausgelagert.

Kleine Verführer und Nanologie der Selbstwerdung

Die Zwerge wirken rein äußerlich wie eine symbiotische Verquickung aus uralten Greisen und kleinen Buben. In ihrem einfältigen und oftmals pedantisch wirkenden Gehabe läßt sich eine gewisse Idiotie und Dummheit vernehmen; der Zwerg erscheint als hirnloser Penis. Sie sind also in ihrem idiotisch bzw. niedlich wirkenden Dahinrackern, das keinerlei Selbstdistanz oder Zweifel an ihrem Tun aufkommen läßt, – psychoanalytisch gesehen – dem Über-Ich zuzuordnen, dessen Hauptbefehl nach Lacan auf Genießen abzielt. Slavoj Zizek betont im Zusammenhang von Opferbereitschaft und Über-Ich:

"Man sollte immer daran denken, daß das letzte Ziel der Psychoanalyse für Lacan nicht darin besteht, das Subjekt dazu fähig zu machen, das notwendige Opfer auf sich zu nehmen (die symbolische Kastration zu akzeptieren, unreife, narzißtische Besetzungen aufzugeben etc.), sondern dazu, der furchtbaren Anziehungskraft des Opfers zu widerstehen, die natürlich keine andere ist als die des Über-Ichs. (Hervorhebung J.R:) Das Opfer ist letztlich die Geste, durch die wir die Schuld zu begleichen versuchen, die uns vom unmöglichen Befehl des Über-Ichs auferlegt ist."[13]

Die idiotisch wirkenden Zwerge sind Agenten des Über-Ichs, sie bezeugen genußvolle Unterwerfung unter die Interessen einer unbenannten, nicht symbolisierten Macht. Das heißt aber auch, daß sie wesentlich beteiligt sind, die fatale Anziehungskraft des Opfers zu verstärken.

Gemäß dieser Ausführungen steht die Zwergenwelt für eine doppelte Mystifikation, einerseits daß eine inzestuöse Verschmelzung mit dem Mutterding (der reine Genuß oder die Wiederkehr paradiesischer Zustände) möglich wäre, denn das Zwergengeschlecht kommt direkt aus dem Inneren der Urmutter ("Erdmännchen"), und andererseits, daß durch eine hermetische Verdichtung der imaginierten Vollkommenheit bedrohlich erscheinende Spaltungen des Subjektes abwendbar wären. Um diesen Vorstellungen gerecht werden zu können, bedarf es der permanenten Opferung und Beseitigung von angeblichen Hindernissen. Die "andere" Seite der "Milchstraße" muß immer wieder gesäubert werden. Die Zwerge – als kleine Idioten und niedliche Gestalten – animieren, all jenes abzustreifen und zu beseitigen, das diesen Mystifikationen scheinbar im Wege steht und schaffen ein architektonisches Fundament für das weibliche Kunststück der Bildwerdung bei lebendigen Leibe. Denn die kleinen Männchen als imaginäre Erstarrungen treiben die Hoffnung der Frauen an, sich selbst erhebend ins Spiel zu bringen, ein starker Motor zu sein für die kleinen, verrunzelten Erdmännchen, ihrem Motorverlangen gerecht zu werden und das Liebesbenzin fließen zu lassen. Nach wie vor leuchten die

Reklametafeln der Brautmaschinen, die sich bei Duchamps "Großen Glas" im oberen, erhabenen Teil der Junggesellenkonstruktion ausdehnen, so wie Schneewittchen zwischen den Zwergen herausragte und von ihnen als Tote auf einer Anhöhe so lange ausgestellt wurde, bis die begehrlichen Blicke eines nekrophilen Prinzen auf ihren Glassarg fielen.

Im transformativen Zwischenreich neutralisieren sich Größenordnungen; Herrenkonstruktionen entsymbolisieren sich, fragmentieren und multiplizieren sich, zeitliche und räumliche Dimensionen schrumpfen zusammen und das strenge Über-Ich schickt seine hackenden und grabenden Agenten vor, die den Bedrohten und Fliehenden unmittelbaren Selbstgenuß, Selbstwerdung und Selbstverwirklichung, sowie ungetrübte Freude am Tun auferlegen und dabei für die Produktion neuer heißer Dinge sorgen, die die freigesetzten Kräfte und Widerstände glanz- und gewinnbringend ins Bild der neuen Anordnung einschmelzen werden.

Das euphorisierende Zusammenspiel von bildschönen Mädchen und Kleingeistern hinter den Bergen entspricht also letztlich der kapitalistischen Logik einer produktiv-destruktiven Assimilationsmaschine, die mit jeder Zirkulation ihren Abstraktionsgrad gespenstisch zu steigern vermag. Ihr totalitärer Befehl lautet: Du darfst dich einbringen!

Literaturangaben

1   Johann Wolfgang Goethe: Faust. Der Tragödie Zweiter Teil. Stuttgart 1976, S. 90

2   Originalzitat aus "Sneewittchen": "Da war ihm Sneewittchen gut und ging mit ihm, und ihre Hochzeit ward mit großer Pracht und Herrlichkeit angeordnet." In: Kinder und Hausmärchen gesammelt durch die Gebrüder Grimm (Nachdruck der 1922 erschienenen Jubiläumsausgabe der Grimmschen Märchen im N. G. Elwert Verlag), insel taschenbuch 112, Frankfurt am Main 1974, S. 304 – 311

3   Tatjana Jesch: Das Subjekt im Märchenraum und Märchenzeit. Wien 1998, S. 181ff

4   Kinder- und Hausmärchen gesammelt durch die Brüder Grimm. 1974, a.a.O.: S. 304

5   ebd.

6   Junggesellenmaschinen, Jean Clair, Harald Szeemann (Hg.), Ausstellungskatalog, Zürich 1975

7   Jean Clair/Harald Szeemann (Hg.) 1975, a.a.O.

8   Das transparente Glas soll nach Duchamp eine möglichst knappe Illustration aller Ideen der "Grünen Schachtel" (1934) sein, die er elf Jahre nach Beendigung der Arbeit am Werk publizierte. Siehe Robert Lebel (Hg.): Marcel Duchamp. Von der Erscheinung zur Konzeption, Köln 1972

9   Marcel Duchamp in Lebel 1972, a.a.O.: S. 172

10 Jean-FranCois: Die TRANSformatoren Duchamp, Stuttgart 1987, S. 80

11 Dietmar Kamper: "Ätherische Nekrophilie. Von der Spiegelfechterei poetischer Knaben." In: Riegler/Lammer/Stecher/Ossege (Hg.): Puppe.Monster.Tod., Wien 1999, S. 199

12 Dietmar Kamper, 1999, a.a.O.: S. 201f

13 Slavoj Zizek: "Das Picknick der Aliens. Traumatische Begegnungen mit dem unmöglich-realen Ding." In: Lettre International, Heft 43, IV, Berlin 1998, S. 91

THOMAS MACHO
SO ROT WIE BLUT

WOHER KOMMEN
DIE ZWERGE ?

1.

Schneewittchen ist aktuell: als Märchenspiel, Zeichentrickfilm und Puppentheater, als Cocktail, Swatch-Uhr, Saunaclub oder Fremdenverkehrsattraktion zwischen dem niedersächsischen Städtchen Alfeld, den Obertauern und dem südbulgarischen Wintersportort »Snezhanka«. 1996 wurde ein Film im Stil der vorgeblich besonders originalgetreuen Remakes – nach dem Muster von »Bram Stoker's Dracula« (1992) und »Mary Shelley's Frankenstein« (1994) – produziert, nämlich »The Grimm Brothers' Snow White«. Regie führte Michael Cohn, als böse Stiefmutter brillierte Sigourney Weaver. In Verfilmungen desselben Stoffs von 1987 und 1992 hatten bereits Diana Rigg und Gudrun Landgrebe die Königin verkörpert, – freilich ohne die Darstellungsqualitäten der Heldin aus der »Alien«-Tetralogie auch nur annähernd zu erreichen. Sigourney Weaver agierte in einem blutigen gothic-Drama mit zahllosen visuellen Effekten, die kaum ein Element des Märchens melodramatisch zu überzeichnen versäumten. So blickt die dunkle Königin in einen imposanten, computeranimierten Zauberspiegel, dem die Amme – auf der Suche nach Schneewittchen – zum Opfer fällt; an einer schaurig inszenierten Totgeburt – der psychoanalytisch aufwendigen Motivierung stiefmütterlicher Eifersucht – verzweifelt die »Evil Queen«, während Sam Neill, als Lord Frederick Hoffman und Vater Schneewittchens, einem Giftattentat beinahe erliegt. Im Finale verglühen nicht nur die Füße der bösen Königin, sondern auch sie selbst und darüber hinaus – wie in einem James-Bond-Film, der zum notorischen Abschluß die Entsorgung seiner Filmkulissen dokumentiert – gleich das ganze Schloß.

Lediglich mit den sieben Zwergen konnte Michael Cohn gar nichts anfangen. Sie mutieren zu einer Bande verkommener, gesetzloser Goldgräber, die beim Anblick Schneewittchens "erst an ganz schlimme Dinge und danach sofort an Lösegeld denken".[1] Nur ein einziges Mitglied dieser Räuberbande ist kleinwüchsig und würde vielleicht als »Zwerg« durchgehen. Nicht umsonst fragte die Kritik, wer – neben Sigourney Weaver – "makes much of an impact", um fortzufahren: "there's only one dwarf – where are Richard Attenborough, Tom Cruise and Dudley Moore when you need them?"[2] Angesichts der beliebten Gestalten,

149

die noch in Walt Disneys »Snow White« von 1937 im Zentrum der Handlung standen, versagt das Versprechen einer möglichst realistischen Rekonstruktion der Geschichte. Dabei glaubte gerade jenes »Mittelalter«, das die Kostümbildner und Filmarchitekten so überzeugend herbeizitieren wollten, unbeirrbar an Zwerge, Riesen, Elfen, Kobolde, Nixen und andere Elementarwesen. So entdeckten etwa 1138 die Fratres eines Trierer Klosters in ihrem Keller ein kleines Männchen mit dunkler Haut und grimmigem Aussehen.

"Gervase von Tilbury, ein Geschichtsschreiber des englischen Mittelalters, der die Geschichte aufgezeichnet hat, berichtet, daß die Mönche der Abtei Brunia sich beherzt auf das Männlein stürzten und es festhielten. Sie stellten fest, daß es aus einem Erdtunnel gekommen war, der aus unbekannter Tiefe in den Keller führte. Offenbar litt das Männlein unter seiner Gefangenschaft: »Er saß einfach nur mit überkreuzten Beinen da«, berichtet Gervase, »starrte vor sich hin und weigerte sich zu essen.« Der Gefangene wurde den Mönchen mit der Zeit unheimlich, und so ernannte der Bischof einen Exorzisten, der heilige Worte sprach und den Kobold zurück in seinen Tunnel trieb."[3]

Zwerge kamen wirklich vor: nicht nur in unwegsamen Wäldern und fernen Ländern – wie die »Pygmäen«, die seit Plinius und der »Historia naturalis« aus dem ersten nachchristlichen Jahrhundert zu den vielfach kommentierten und abgebildeten »Wundern des Ostens«[4] gerechnet wurden, – sondern auch in den Zentren der Städte, nämlich als kleinwüchsige, bucklige und verunstaltete Menschen, die zur Belustigung an den Höfen – als »Hofnarren« – gehalten, wenn nicht sogar gezüchtet wurden, wie Victor Hugo in seinem Roman »L'homme qui rit« von 1869 mutmaßte. Im Hochmittelalter gab es "keinen Herrscher in Europa, der nicht Zwerge und Debile für sein Kuriositätenkabinett suchte: es wurde darum gewettet, wer den winzigsten Zwerg oder den blödesten Tölpel besaß; es kam sogar vor, daß sie gegeneinander ausgeliehen, getauscht oder verkauft wurden."[5] Von solchen Hofzwergen erzählt auch eine historisierende Version des Märchens von »Schneewittchen«, die Johann Karl August Musäus in seiner Sammlung deutscher Volksmärchen (1782-1786) – fast dreißig Jahre vor den »Kinderund Hausmärchen« der Brüder Grimm (1812-1814) – abdruckte: die Geschichte spielt in Brabant, die böse Stiefmutter heißt Richilde und ihre Stieftochter Blanca; der Zauberspiegel stammt von Albertus Magnus, der Prinz heißt Gottfried von Ardenne, und die Mordanschläge auf Blanca werden von einem jüdischen Hofarzt namens Sambul ausgeführt, der zu guter Letzt – ganz in der Tradition der Aufklärung – als »wahrer Held« präsentiert wird: er hatte die Mordobjekte Granatapfel,

Seife und Brief (in dieser Reihenfolge) nicht mit Gift, sondern mit Opiumsaft imprägniert, weshalb die schöne Konkurrentin Richildes nicht starb, sondern lediglich in einen narkotischen Dauerschlaf fiel. Sambul wurde von Gottfried und Blanca reichlich entlohnt, weil er "wider Gewohnheit seiner Kollegen nicht tötete wo er's durfte".[6] Als Helden in dritter Linie (nach Gottfried und Sambul) figurierten die Zwerge, eben keine seltsamen Gnome oder Bergwerksarbeiter, sondern »Hofzwerge«, wie ausdrücklich betont wird. Sie bedienten ihre Herrin, zimmerten "einen Sarg von Föhrenholz mit silbernen Schildern und Handhaben, und machten, um des Anblicks ihrer holden Gebieterin nicht auf einmal beraubt zu sein, ein Glasfenster darein".[7] Vor diesem Sarg hielten sie dreimal die Totenwache, bis die schöne Heldin aus ihrem Opiumschlaf jeweils wieder erwacht war.

2.

Ob Hofzwerge oder dunkle Männchen aus einem Erdtunnel: die Zwerge waren reale, wenngleich beunruhigend fremdartige Zeitgenossen. Ihre gelegentliche Kooperationsbereitschaft blieb prekär und konnte – wie im Fall der Kölner Heinzelmännchen[8] – rasch in Haß und Ablehnung umschlagen. Die Spuren eines durchaus ambivalenten Respekts vor den Zwergen lassen sich noch in der Märchensammlung der Brüder Grimm nachweisen: Die meisten Zwerge, die hier in Erscheinung treten, sind nicht lieb, sondern rachsüchtig, nörglerisch und gefährlich. Das Rumpelstilzchen vermag zwar Stroh in Gold zu verwandeln, träumt aber auch davon, das Kind der Königin zu braten und zu verzehren; der Zwerg im Märchen von Schneeweißchen und Rosenrot erweist sich bei aller Hilfe, die ihm die beiden Schwestern gewähren, als ein undankbarer und mürrischer Geselle. Die Wege der Menschen und die Wege der Zwerge kreuzen sich nur selten; die Zwerge fliehen vor den Kirchenglocken,[9] – vor den Städten also und vor der christlichen Mission. Zwar wurde angeblich noch in den späten dreißiger Jahren des 20. Jahrhunderts "ein fünfzig Zentimeter hoher Zwerg mit blauer Haut" gesichtet, "in der Höhle von Semriach, etwa zwanzig Kilometer nordöstlich von Graz in der Steiermark"[10]; doch war zu diesem Zeitpunkt die kulturelle Depotenzierung der Zwerge zu ebenso liebenswerten wie kitschig-infantilen Figuren längst abgeschlossen. Die wilden Gnome aus Stein, die sich bis heute in manchen Schloßparks finden[11], waren endgültig den – um 1880 in Tübingen aufgekommenen – Gartenzwergen gewichen. Seither spuken die Zwerge nur mehr als Bashful, Grumpy, Doc, Sneezy, Happy, Dopey und Sleepy, als die Schlümpfe oder der Kobold Pumuckl durch die postindustriellen Kinderzimmer.

Die Schöne im Sarg ist aktuell, ganz im Gegensatz zu den Zwergen.

Wer eine Ausstellung veranstalten wollte zur Kulturgeschichte der sieben Zwerge, würde allenfalls – neben kitschigen oder pornographischen Assoziationen – einige verwunderte Kommentare ernten. Wer interessiert sich schon für Zwerge? Die Zeiten sind vorüber, in denen ein genialer Zirkusmanager wie Phineas Taylor Barnum mit seinem kleinwüchsigen General Tom Thumb durch die Länder der Alten und Neuen Welt reisen konnte, ohne jemals auf ein zahlungskräftiges Publikum verzichten zu müssen[12]; die Zeiten sind vorüber, in denen eine prominente Modefotografin den Stummfilm »Freaks« (von 1932) mehr-

mals hintereinander betrachten konnte, ohne sich zu langweilen.[13] Seit den Auftritten Tom Thumbs, der – insbesondere in der Maske Napoleons – den »Iron Duke« of Wellington begeisterte, seit den Obsessionen der Diane Arbus in einem New Yorker Kino, Anfang der sechziger Jahre, wurden die Zwerge von »Terminatoren« und außerirdischen Drachen abgelöst. Als letzter spektakulärer Film, in dem ein Zwerg als unheimliche Hauptgestalt erscheint, darf vielleicht Nicholas Roegs »Don't Look Now« von 1973 – Kinofassung einer Erzählung Daphne du Mauriers, mit Donald Sutherland und Julie Christie – angesehen werden: Auf der Suche nach seiner ertrunkenen Tochter, die ihm in zahlreichen Visionen und Déjà-vus zu begegnen scheint, wird der Vater in Venedig von einem verrückten Massenmörder, einem Zwerg in orangefarbener Kutte, umgebracht. Die Farbe der Kutte, zugleich die Farbe des Mantels der toten Tochter, verschmilzt zum Ende mit der Farbe seines Bluts.

So rot wie Blut: Die Überblendung des gestorbenen Mädchens durch einen Zwerg ist in zweifacher Hinsicht signifikant: einerseits wird der Zwerg durch die Beziehung zum Toten charakterisiert, andererseits durch die Beziehung zum Kind. Das Wort »Zwerg« selbst bedeutete "ursprünglich wohl »Trugbild« (Gespenst)".[14] Zu Recht betonen daher volkskundliche Enzyklopädien, daß die Zwerge "ebenso stark als Totengeister, Ahnengeister, Seelen-

den: Stets sind wir nicht nur Erben, sondern auch Bezwinger der Toten, so daß sich der vielzitierte Satz von den »Zwergen auf den Schultern der Riesen« umzukehren scheint: wir sind die lebenden Riesen auf den Schultern gestorbener Zwerge.

3.

Als »Totengeister« waren die Zwerge nichts anderes als Gespenster und Wiedergänger – vergleichbar den Vampiren. Im Prinzip glaubte man ja seit der Antike – und noch bis zum 19. Jahrhundert – an eine mögliche Rückkehr der Toten, freilich gerade nicht im Sinne des christlichen Auferstehungsglaubens. Die Rückkehr der Toten wurde nämlich nicht als Zeichen einer vollendeten »Himmelfahrt« wahrgenommen, sondern vielmehr als Zeichen einer gescheiterten Passage ins Jenseits. Neben den zu bestimmten Festen zitierten Ahnen- und Hausgeistern wurden vorzugsweise die »bösartigen Toten« verdächtigt, keine Ruhe im Grab zu finden und die Lebenden zu verfolgen: als potentiell »bösartige Tote« – als larvae – wurden bei den Römern alle Toten gefürchtet, die frühzeitig (immatura), unbegraben (insepulti) und unbeweint (indeplorati) gestorben waren. Diese Kategorien umfaßten nahezu alle überraschenden Todes- und Unglücksfälle, aber auch sämtliche Fälle, in denen mit Absicht (wie bei Ver-

geister wie als Naturgeister angesprochen werden müssen"; ihr "totenhaftes Aussehen", ihre "Lichtscheu", ihr "nächtliches Wesen" passe zum Totenkult, wie auch der beliebte Name der Zwerge: "das stille Volk". Als "offenbare Totengeister schlafen die Zwerge in einer Bergeshöhle, einen Alten mit um einen Tisch gewachsenem Bart in der Mitte. Ihr ganzes unterirdisches Reich ist ein Reich des Jenseits. Die aus alter Zeit begründete Vorstellung von den Zwergen als Totengeistern verstärkt sich durch den Umstand, daß viele der Felshöhlen, die für Zwergenlöcher gelten, frühgeschichtliche Wohnungen und Grabstätten gewesen sein mögen".[15] Als Heimat der Zwerge werden die Friedhöfe genannt, aber auch die Herdstellen: traditionelle Zentren des Ahnenkults. Noch die verbreitete Vorstellung von den Zwergen als Repräsentanten urzeitlicher, verdrängter, ausgestorbener Völker kann als Hinweis auf Ahnenkulte gelesen wer-

brechern oder Selbstmördern) und ohne Absicht (wie bei Ertrunkenen oder Verschollenen) die rituellen Bestattungspraktiken nicht korrekt durchgeführt wurden. Eine Vielzahl von regional differierenden Maßnahmen sollte darum sicherstellen, daß die gefährlichen Toten nicht zurückkommen konnten: in manchen Gegenden wurden die Körperöffnungen der latent rachsüchtigen Toten systematisch verschlossen, während anderswo die Leichen gefesselt, verstümmelt, enthauptet, verbrannt oder gepfählt werden mußten, um ihre Wiederkehr zu verhindern. "Requiescat in pace ist keine leere Formel, keine rhetorische Redewendung, sondern eine Beschwörung, ein sinnbeladener Wunsch, der darauf hindeutet, wie schwer der Faden, der den Toten an das Leben bindet, reißt."[16] Es fällt naturgemäß schwer, die statistische Verteilung möglicher Kategorien gefährlicher Toter zu errechnen. Aus Dokumenten des 19. Jahrhunderts rekonstruierte ein polnischer Ethnologe fünfhundert Fallgeschichten von Wiedergängern, die sich auf einer Tafel[17] den folgenden Typen zuordnen ließen:

Tote, die zu Wiedergängern wurden	Zahl der Fälle	Prozent
1. Toter Fötus	38	7,6
2. Mißgeburt	55	11
3. Ungetaufte	90	18
4. Im Kindbett Gestorbene	10	2
5. Wöchnerinnen	14	2,8
6. Verlobte, die kurz vor der Heirat starben	14	2,8
7. Ehepaar, das am Hochzeitstag verschied	40	8
8. Selbstmörder	43	8,6
9. Erhängte	38	7,6
10. Ertrunkene	101	20,2
11. Unnatürlicher oder gewaltsamer Tod	15	3
12. Sonstige Fälle	15	3

Während die Verfasser und Kommentatoren dieser Tafel, deren Geltungsreichweite nach Maßgabe üblicher methodischer Einschränkungen durchaus auf das Mittelalter und die Antike ausgedehnt werden kann, den Aspekt »mißlungener Übergangsriten« besonders hervorheben, finde ich meinerseits bemerkenswert, daß mehr als ein Drittel der gefährlichen Totenschar von Föten und Kindern gebildet wird. Unter der Voraussetzung, daß auch die »Ungetauften« in der Regel Kinder waren, die nicht mehr rechtzeitig in die Kirche gebracht werden konnten, ergibt sich wenigstens eine Zahl von 183 Neugeborenen und Kindern (36,6 %); der nicht ermittelte Kinderanteil an der (relativ hohen) Rubrik der Ertrunkenen, sowie an der Rubrik des unnatürlichen oder gewaltsamen Todes, läßt daher vermuten, daß nahezu die Hälfte des Heers der »bösartigen Toten«

aus Neugeborenenen und Kindern rekrutiert wurde. Jacob Grimm vermerkte nicht umsonst in seiner »Deutschen Mythologie« (1835), daß in Württemberg noch 1788 behauptet wurde, die ungetauft gestorbenen Kinder würden in die »Wilde Jagd« aufgenommen.[18]

Erinnern wir uns nochmals an die bereits zitierte Schlußpointe des Films »Don't Look Now«: das ertrunkene Mädchen mutiert zum dämonischen und mörderischen Zwerg. Wer könnte den rachsüchtigen, gefährlichen Kindertotengeist besser verkörpern, als just ein Zwerg? Im »Handwörterbuch des deutschen Aberglaubens« findet sich der einschlägige Hinweis: "Die Wichtel gelten für ungetaufte Kinder, ebenso die Heimchen, Heugütel, Klabautermann, also Seelengeister, vgl. den Namen wille Alfen, Alfenkinder für mißgeborene Kinder."[19] Was an den neugeborenen Kindern nicht wahrgenommen werden durfte, ihre Fremdheit, ihre abschreckende Häßlichkeit, ihre auffällig alten Gesichter, womöglich gar ihre krankhafte Erscheinung und eine markante Verunstaltung, ließ sich allemal den Zwergen zuschieben: wie viele Zwergensagen erzählen vom unterirdischen »Wechselbalg«, vom Koboldkind, das den Eltern heimlich in die Wiege gelegt wurde! Die Zwerge repräsentieren in gewissem Sinn die toten Kinder; sie spiegeln die Ambivalenzen von Trauer und elterlichen Tötungswünschen. Hat irgendein Vater oder irgendeine Mutter beim Vorlesen der Kindermärchen, ja selbst beim Besuch eines Zeichentrickfilms der Walt Disney Company jemals gezählt, wie oft die Märchen vom versuchten Kindsmord berichten? – Hänsel und Gretel? Dornröschen? Rotkäppchen? Brüderchen und Schwesterchen? Oder gar die Geschichte vom armen Jungen im Grab? Die Liste ist lang; man könnte geradezu eine Titeländerung vorschlagen: »Kindermord- und Hausmärchen« der Brüder Grimm.

Auch das Märchen von Schneewittchen ist in solcher Perspektive vor allem eine Erzählung über einen vierfach unternommenen Kindsmord, der erst in letzter Sekunde scheitert. So rot wie Blut. Wer weiß, vielleicht sind die sieben Zwerge nichts anderes als die Schatten der toten, der unglücklich früh gestorbenen oder getöteten Brüder Schneewittchens ...

Anmerkungen

1. Ernst Corinth in: Deutsches Entertainment Magazin. Next Step Mediendienste 1998. Internet-Adresse: http:// www.dem.de/entertainment/kino/schnee-wittchen_kl.html.
2. Snow White: A Tale of Terror. In: Batsford Film Week. Batsford 1998. Internet-Adresse: http://film-week.batsford.com/archive/971103snow.htm.
3. Ulrich Magin: Trolle, Yetis, Tatzelwürmer. Rätselhafte Erscheinungen in Mitteleuropa. München: C.H. Beck 1993. Seite 83.
4. Vgl. Rudolf Wittkower: Die Wunder des Ostens. Ein Beitrag zur Geschichte der Ungeheuer [1942]. In: Allegorie und der Wandel der Symbole in Antike und Renaissance. Übersetzt von Benjamin Schwarz. Köln: DuMont 1983. Seite 87-150.
5. Maurice Lever: Zepter und Narrenkappe. Geschichte des Hofnarren. Übersetzt von Evelin Roboz. München: Dianus-Trikont 1983. Seite 86.
6. Johann Karl August Musäus: Richilde. In: Volksmärchen der Deutschen. München: Winkler 1961. Seite 117.
7. Ebda. Seite 101.
8. Vgl. Leander Petzoldt: Kleines Lexikon der Dämonen und Elementargeister. München: C.H. Beck 1990. Seite 95-96.
9. Vgl. Manfred Lurker (Hrsg.): Lexikon der Symbolik. Stuttgart: Kröner 19915. Seite 858.
10. Ulrich Magin: Trolle, Yetis, Tatzelwürmer. A.a.O. Seite 85.
11. Vgl. Horst Bredekamp: Vicino Orsini und der heilige Wald von Bomarzo. Ein Fürst als Künstler und Anarchist. Worms: Werner 1991.
12. Vgl. Phineas Taylor Barnum: Struggles and Triumphs. Forty Years' Recollections. New York: American News Company 1871. Seite 173-207 und 582-608.
13. Vgl. David J. Skal: The Monster Show. A Cultural History of Horror. New York/London: W.W. Norton & Company 1993. Seite 15-18. Vgl. auch Patricia Bosworth: Diane Arbus. Leben in Licht und Schatten. Eine Biographie. Übersetzt von Inge Leipold, Peter Münder, Frank Thomas Mende, Dorothee Asendorf und Barbara Evers. München: Schirmer/Mosel 1984. Seite 196.
14. Oswald A. Erich / Richard Beitl (Hrsg.): Wörterbuch der deutschen Volkskunde. Stuttgart: Alfred Kröner 19743. Seite 1003.
15. Hanns Bächtold-Stäubli (Hrsg.): Handwörterbuch des deutschen Aberglaubens. Band IX. Berlin/New York: Walter de Gruyter 1987 [Reprint]. Spalte 1115-1117.
16. Claude Lecouteux: Geschichte der Gespenster und Wiedergänger im Mittelalter. Mit einem Vorwort von Lutz Röhrich. Köln/Wien: Böhlau 1987. Seite 35.
17. Ebda. Seite 33.
18. Jacob Grimm: Deutsche Mythologie. Band III. Darmstadt: Wissenschaftliche Buchgesellschaft 1965. Seite 457. Zitiert nach Claude Lecouteux: Geschichte der Gespenster und Wiedergänger im Mittelalter. A.a.O. Seite 159.
19. Hanns Bächtold-Stäubli (Hrsg.): Handwörterbuch des deutschen Aberglaubens. Band IX. A.a.O. Spalte 1117.

JULIAN SCHUTTING
ABBILDER

Sich in ein Marmorbildnis zu verlieben,
und sei es unsterblich in das einer,
die nie geliebt hat?
altbewährt und daher kein Kunststück!
bilde dir aber auch nichts ein
auf das im späteren Liebesleben
nicht weiß Gott wie förderliche Faktum,
dich als ein Kind in das nicht via Kuß
aufweckbare Schneewittchen
als erstes verliebt zu haben,
in das Aufbahrungslichtbild
der von einem Trauerschleier,
durchlässiger als ein Waldwebestreif,
wie von einem Spinnetz umhüllten Kaiserin -
in einem Schlaf niemehrigen Erwachens,
es sei denn auch sie würde wiedergeweckt
von den Posaunen des letzten Gerichts,
aber ohne das wächserne Lächeln der Totenmasken,
lag sie da, weiß wie Schnee, hatte auch
ebenholzschwarzes Schneewittchenhaar,
und ihr Entseeltes war zu beseelen
von unermüdbarem Erschrecken:
daß sie sich, weil weit über den Tod hinaus
unentstellt geblieben
vor fortwährendem Schlafen
unter der Lupe der Großmutter
wie wachgeküßt rührt,
werde gleich deinen Atem spüren,
sich dir zukehren
und unter deinen Blicken
die schönen Augen aufschlagen
für einen Augenblick!

ABBILDUNGEN

Titel und 146/147: Der Swarovski Kristallschwan thront inmitten einer Zauberpracht aus Kristall und Eis. Photo: D.Swarovski & Co

Vorsatz/Nachsatz: Wie ein Märchen funkelt der kristalline Eisberg. Photo: D.Swarovski & Co

Vorsatz/Nachsatz Rückseite: Crystal Snow - Die Magie von Kristall und Schnee. Photo: D.Swarovski & Co

S.5: Vereister Regen auf dem Rand der Caldera de Taburiente, Kanarische Insel La Palma. Photo: Berndt Milde

S.6, 102/103: Schönheit + Kristall + Eis. Photo: D.Swarovski & Co

S.8: Im Rhone-Gletscher. Photo: Nicola Gehrke

S.12: Vereister Regen auf La Palma. Photo: Berndt Milde

S.14: Vereister Regen auf La Palma. Photo: Berndt Milde

S.17, 23,27, 29, 69: Photos: Jean-Clet Martin

S.20: im Rhone-Gletscher. Photo: Nicola Gehrke

S.31/32: im Rhone-Gletscher. Photo: Claudia Gehrke

S. 35: Daryoush Asgar, Präparat I. 1999

S.39: Daryoush Asgar, Präparat II, 1999

S.40: Daryoush Asgar, Präparat III, 1999

S.42/43/44: Märchenschloss aus Eis und Kristall. Photo: D.Swarovski & Co

S.45,47,49,55: Photo: Christoph Sanders

S.56: Roque des Los Muchachos, La Palma. Photo Berndt Milde

S.59: Heilige Notburga, Bayrisches National-museum, München

S.66: Im Rhone-Gletscher. Foto: Claudia Gehrke

S.73/74: Photo Poldo Cebrian, aus: La Palma- Isla de las Estrellas

S.77,81,85, 89, nasser Schnee und vereiste Beeren auf der Schwäbischen Alb

S.90/91: Crystal Winter - das Feuer des Kristalls inmitten winterlicher Kälte. Photo: D.Swarovski & Co

S.92: Im Rhone-Gletscher. Foto: C.Gehrke

S. 95: Francis Picabia, Portrait, 1938

S. 97: Alberto Giacometti, Tête-Grâne, 1934

S.99: Diabolus in vitro, anonym, 17tes Jhd.

S. 104: Roque de Los Muchachos, La Palma, Photo: Thomas Karsten

S. 107: Carrie Mae Weems, Mirror, Mirror, 1990

S. 113: Jana Sterback, Inside, 27 x 82 x 25 cm, Verre et Miroir, 1990 (Galerie René Bloodin, Montreal)

S.118/119: Blick in die Caldera, La Palma, Photo: Berndt Milde

S.120: Roque de Los Muchachos, La Palma, Photo: Berndt Milde

S.123: Marlene Dumas, Magdalena, 1996 (aus der Serie "Magdalena", Öl/Leinwand, 300 x 100 cm, alle Bilder von Marlene Dumas: Galerie Paul Andriesse, Amsterdam, Photo: Peter Cox)

S.125: Marlene Dumas, The Ritual, 1988-1991, (Öl/Leinwand, 140 x 300 cm)

S. 127: Marlene Dumas, Snowwhite in the wrong Story, 1988, (Öl/Leinwand, 100 x 300 cm)

S. 129: Marlene Dumas, Waiting (for Meaning), 1988 (Öl/Leinwand, 50 x 70 cm)

S.131: Marlene Dumas, Losing (her Meaning), 1988 (Öl(Leinwand, 50 x 70 cm)

S.133: Marlemne Dumas, Snowwhite and the broken Arm, 1988 (Öl/Leinwand, 140 x 300 cm, coll. Gemeentemuseum, Den Haag)

S.135: Marlene Dumas, Snowwhite and the next Generation, 1988 (Öl/Leinwand, 140 x 200 cm)

S.136: La Palma, Roque de Los Muchachos, Photo: Berndt Milde

S.139, 141, 143: Photos Reinhard Mandl

S. 148: Vereister Regen auf dem Roque des Los Muchachos, Photo Poldo Cebrian, aus: La Palma- Isla de las Estrellas

S.151: Videocover zu Michael Cohns Film "Schneewittchen"

S. 153: Die Hochzeit von Tom Thumb und Lavinia Warren (Becker Collection, Syracus University)

S. 155: Francisco Rizi, König Karl II bei einem Autoda-fé mit seinem drei Zwergen (1680. Prado, Madrid)

S. 157: Vereister Regen auf La Palma, Photo Berndt Milde

AutorInnen

Ernst van Alphen

Dr. phil., Kultur- und Kunsthistoriker, Director of Communication and Education am Museum Boijmans van Beuningen in Rotterdam, bekannt geworden u.a. durch *Francis Bacon and the Loss of Self (1992)* und *Caught by History: Holocaust Effects in Contemporary Art, Literature and Theory (1997)*.

Mieke Bal

Prof. Dr. phil., Professorin an der Universität Amsterdam und Direktorin der Amsterdam School for Cultural Analysis (ASCA). Publikationen u. a.: *Double Exposures. The Subject of Cultural Analysis (1996). The Mottled Screen: Reading Proust Visually (1997). Narratology: Introduction to the Theory of Narrative (1985)*.

Hans Bankl

Prof. Dr. med., lebt als Pathologe und Autor in St. Pölten. Habilitation für Pathologische Anatomie. Seit 1975 Lehrbeauftragter an der Universität für angewandte Kunst "Anatomie für Künstler", 1971 Kardinal Innitzer Preis für Medizin, Vorstand des Pathologischen Institutes des Krankenhauses St. Pölten. Über 120 Publikationen zu verschiedenen Themen der Pathologie, daneben Monografien und Lehrbücher, u. a.: *Viele Wege führen in die Ewigkeit, Schicksal und Ende außergewöhnlicher Menschen (1990). Der Pathologe weiß alles...aber zu spät (1997)*.

Christina von Braun

Prof. Dr. phil., Kulturtheoretikerin, Autorin und Filmemacherin. 1944 in Rom geboren. Studium in den USA und Deutschland. Von 1969 bis 1981 in Paris ansässig als freischaffende Autorin und Filmemacherin. 1991-1993 Fellow am Kulturwissenschaftlichen Institut in Essen. Seit 1994 Lehrstuhlinhaberin für Kulturwissenschaft an der Humboldt-Universität zu Berlin. Bücher und Aufsätze über das Wechselverhältnis von Geistesgeschichte und Geschlechterrollen, u. a.

Nicht ich. Logik, Lüge, Libido (1985) und *Die schamlose Schönheit des Vergangenen (1989)*.

Martin Burckhardt

Dr. phil., lebt seit 1985 als freier Autor und Audiokünstler in Berlin. Neben der künstlerischen Arbeit Lehrtätigkeit an der Hochschule der Künste, der Humboldt-Universität und der Freien Universität Berlin. Seit 1996 Aufbau des Kulturverlag Kadmos Berlin. Publikationen u. a.: *Metamorphosen von Raum und Zeit. Eine Geschichte der Wahrnehmung (1994). Vom Geist der Maschine. Eine Geschichte kultureller Umbrüche (1999)*.

Gerda Buxbaum

Dr. phil., Studium der Publizistik- und Kommunikationswissenschaften, Kunstgeschichte, Kultur- und Modehistorikerin; 1985-1996 Hochschulassistentin an der Universität für angewandte Kunst in Wien; 1995-1999 Leiterin des Büros für Öffentlichkeitsarbeit und Ausstellungsmanagement an der Akademie der bildenden Künste Wien, seit 1992 Lehrauftrag für Modetheorie an der Hochschule für Gestaltung in Linz. Seit 1999 ist sie Direktorin der Modeschule und des Modemuseums Hetzendorf.
Publikationen u. a.: *Mariano Fortuny – der Magier des textilen Design (1985). Mode aus Wien 1815-1938 (1986). Glanzstücke. Modeschmuck vom Jugendstil bis zur Gegenwart (1991). Die Hüte der Adele List (1995). Das doppelte Kleid. Zu Mode und Kunst (1996)*.

Christina Lammer

Dr. phil. Mag. rer. soc. oec., Studium der Soziologie und Publizistik. Sie lebt in Wien als freiberufliche Soziologin und Journalisitin, promovierte mit *Eine Anatomie des Blicks (1998)*. Ihr Dissertationsprojekt wurde von der Österreichischen Akademie der Wissenschaften (ÖAW) sowie vom Institut für die Wissenschaften vom Menschen (IWM) gefördert. Derzeit forscht sie im Auftrag des Wissenschaftsministeriums zu den Bereichen Dokumentarfilm und Identität sowie zum erotischen Blick, zum Unheimlichen und zur Körperkunst. Zuletzt erschienen: *Die Puppe. Eine Anatomie des Blicks (1999). Puppe.Monster.Tod. (1999).*

Thomas Macho

Prof. Dr. phil., 1976 Promotion mit einer Dissertation zur Philosophie der Musik, 1984 Habilitation für das Fach Philosophie mit einer Habilitationsschrift über Todesmetaphern, 1976-1987 Universitätsassistent, ab 1984 Universitätsdozent am Institut für Philosophie der Universität für Bildungswissenschaften Klagenfurt. 1987-1992 Leiter des Studienzentrums für Friedensforschung in Stadtschlaining/Burgenland, 1993 Gastprofessur für Kunsttheorie und Ästhetik an der Hochschule für Gestaltung in Linz, ebenfalls 1993 Berufung auf einen Lehrstuhl für Kulturgeschichte der Humboldt Universität in Berlin. Publikationen u. a.: *Todesmetaphern. Zur Logik der Grenzerfahrung (1987). Medium Gesicht. Die faciale Gesellschaft (Hg. mit Gerburg Treusch-Dieter) Ästhetik und Kommunikation 25/94+95, Berlin (1996).*

Jean-Clet Martin

Dr. phil., Philosoph, Programmdirektor am Collège International de Philosophie in Paris. Publikationen u. a.: *Variations. La philosophie de Gilles Deleuze (1993). Ossuaires. Anatomie du moyen-âge roman (1995). L'image virtuelle (1996). Van Gogh, L'oeil des choses (1998).*

Wolfgang Pauser

Dr. phil., Studium der Philosophie, Kunstgeschichte und Rechtswissenschaft, war Kunstkritiker des *Standard* und Lehrbeauftragter an der Universität für angewandte Kunst in Wien. Verfasser von kulturwissenschaftlichen Produktanalysen für Industrieunternehmen und Werbeagenturen, Alltagskulturforscher, seit 1994 Kolumnist für *DIE ZEIT*. Publikationen u. a.: *Dr. Pauser's Werbebewußtsein – Texte zur Ästhetik des Konsums (1995). Schönheit des Körpers (1995).*

Johanna Riegler

Dr. Mag. phil., Studium der Ethnologie und Kommunikationswissenschaften. Mitarbeiterin im Programmbereich Feministische Wissenschafts- und Techniktheorie am Interdisziplinären Forschungs- und Fortbildungsinstitut der Universitäten Wien, Klagenfurt und Innsbruck (IFF) und im Zentrum für Soziale Innovation (ZSI) in Wien. Forschungsschwerpunkt: Kulturelle Implikationen von Bio- und Informationstechnologien. Zuletzt erschienen: *Puppe.Monster.Tod. (1999).*

Elisabeth von Samsonow

Prof. Dr. phil., Philosophin und Bildhauerin. Seit 1996 Professorin an der Akademie der bildenden Künste Wien. Lehrte an den Universitäten München und Wien, Schwerpunkt Renaissance und frühe Neuzeit. Publikationen u. a.: *Giordano Bruno: Über die Monas, die Zahl und die Figur (1991). Telenoia. Kritik der virtuellen Bilder (1999).*

Julian Schutting

Schriftsteller, geboren 1937 in Amstetten. Er wurde an der grafischen Lehr- und Versuchsanstalt in Wien zum Fotografen ausgebildet. Lebt derzeit als freischaffender Schriftsteller in Wien.

Gerburg Treusch-Dieter

Prof. Dr. phil., wechselte nach zehnjähriger Tätigkeit als Schauspielerin zur Soziologie, Psychologie und Literaturwissenschaft, promovierte mit *Die Spindel der Notwendigkeit. Zur Geschichte eines Paradigmas weiblicher Produktivität (1985)* an der Universität Hannover. Unter dem Titel *Von der sexuellen Rebellion zur Gen- und Reproduktionstechnologie (1990)* habilitierte sie 1989 im Fachbereich Philosophie und Sozialwissenschaften der Freien Universität Berlin. Sie lehrt an den Universitäten Berlin und Wien. Sie ist Mitherausgeberin der Kulturzeitschrift *Ästhetik & Kommunikation* und der Ost-West-Wochenzeitung *FREITAG* (beide erscheinen in Berlin). Publikationen u. a.: *Die Heilige Hochzeit. Studien zur Totenbraut (1997).*

Aus unserem Verlagsprogramm

Blixa Bargeld und Kain Karawahn
233°Celsius
Gebunden, ca. 80 Foto-
grafien, Texte und Essays,
DM 39,80/SFr 38,80/ÖS 291.
ISBN 3-88769-133-4

7000 Bücher, die zur Makulatur
bestimmt waren, wurden öffentlich
verbrannt. Von jeder Stadtreini-
gungsfirma werden täglich viele Ton-
nen Bücher "entsorgt" ... Aus dem
Feuer der Performance wurden Text-
fragmente "gerettet". Diese Bücher
wurden also nicht "vernichtet" sondern im Gegenteil zu einem neuen
Buch: und jetzt gibt es also 7000 neue
Bücher – mit Feuer-Kindheitserinne-
rungen von Blixa Bargeld, Essays von
Kain Karawahn und Yoko Tawada,
traumhaften Fotografien und
anspruchsvollen, lustigen, sinnlichen
wunderschönen Texten.

Daß aus dem Feuer neue Literatur
entstand, daß die zufällig aus den
Büchern übriggebliebenen Fragmente
wirklich Sinn wie neugeschrieben
ergeben – das war für mich, die Verle-
gerin, die ich mich bei der Entschei-
dung, dieses Buch zu verlegen,
zunächst in der Fotografien verliebt
hatte, eine große Überraschung. Dieses "Bücherbuch" möchte ich persön-
lich als Geschenk für BuchhändlerIn-
nen und alle BücherliebhaberInnen
empfehlen.

VORWITZIGE BRÜSTE

auch vorwitzige Brüste, bern-
ich, ins Daunenkissen ge-
Vorn und hinten, Seide und
eitel und verletzlich, vice und
Kopf und Kehrseite, verloren
Schönheit in bloßer Haut, siehst
Bewunderung für den Konti-
und verschatteten Winkeln

die Musselinvorhänge be-
deines Haares und badet deine

-püppchen. Wenn du nicht wärst, wä-

, da strebte ich nach Ruhm. In V-
-n. Nun wäre es mir lieber, ni-
Namen gehört. Joey Blueglas-
-skünstler. Gedankenmon-